名师名校名校长

凝聚名师共识
回应名师关怀
打造名师品牌
培育名师群体

基于学科育人理念的小学英语教学实践与研究

徐慧 著

中国文联出版社

图书在版编目（CIP）数据

基于学科育人理念的小学英语教学实践与研究 / 徐
慧著. — 北京：中国文联出版社，2024.5
ISBN 978-7-5190-5507-3

Ⅰ.①基… Ⅱ.①徐… Ⅲ.①英语课－教学研究－小
学 Ⅳ.①G623.312

中国国家版本馆CIP数据核字（2024）第081822号

著　　者　徐　慧
责任编辑　刘　旭
责任校对　秀点校对
装帧设计　刘贝贝　李　娜

出版发行　中国文联出版社有限公司
社　　址　北京市朝阳区农展馆南里10号　　邮编　100125
电　　话　010-85923025（发行部）　010-85923091（总编室）
经　　销　全国新华书店等
印　　刷　三河市龙大印装有限公司

开　　本　710毫米×1000毫米　　1/16
印　　张　10.5
字　　数　152千字
版　　次　2024年 5 月第1版第1次印刷
定　　价　58.00元

前言

FOREWORD

《义务教育英语课程标准（2022年版）》指出："教师要把落实立德树人作为英语教学的根本任务，准确理解核心素养内涵，全面把握英语课程育人价值。"课堂教学是学校教育的中心，也是实化、细化、具体化立德树人根本任务的主渠道。如何将"学科育人"的意识根植并落实到日常的课堂教学行为中，在教学实践中体现育人价值，为学生的终身发展奠基，是笔者以及众多的小学英语教师一直在思索并践行的问题。

为此，笔者基于多年的小学英语课堂教学理论与实践研究，编写此书，以帮助小学英语教师理解并落实小学英语学科育人的价值和在课堂教学中的实施路径。

本书共分四章：第一章是基于学科育人理念的团队专业成长，记录了一名普通的小学英语教师在成长为学科带头人、名师、名师工作室主持人、教研基地负责人的过程中，带领团队共同成长的足迹，包括：在阅读实践反思中积淀厚度、在课题研究中提升高度、在课堂教学中拓展广度、在学科育人研究中品味温度。第二章是基于学科育人理念的教科研探索，以科研论文的形式展示了笔者在以"小学英语学科育人"为核心的课题研究方面的不断深入探索，其中有基于教材解读的思考、有基于学情的观察、有基于自己课堂教学行为的反思，有助于教师开展教学研究，形成自己的教学风格，推动教育教学创新。第三章是基于学科育人理念的课堂教学研究，记录了在学科育人理念支撑下的课堂教学实践叙事，包括：为学生设置丰富的学习内容、为学生设计灵动的课堂活动、为学生创设多元立体的评价方式，记录分析了在学科育人理念支撑下的"教—学—评"一致性的课堂教学探索。第四章是学科育人理念之下的学生成长，呈现了班级学生数年里的成长轨迹，也反映和折射出了团队教师的不断蜕变和成长。

本书是笔者对小学英语教材与教学研究的探索，也是对小学英语学科育人价值的落实所做的一点努力，其中难免存在疏漏之处，敬请专家、学者和广大读者批评、指正，以便笔者不断精进，为促进和带动小学英语教师的专业素养提升略尽绵薄之力。

目录

CONTENTS

第一章

基于学科育人理念的
团队专业成长

人的成长是一辈子的事。教育从来不是一个结果，而是一个
生命展开的过程，它永远面向未来，不会结束。因此，教师要和
学生一起，展开生命，不断成长。一个不重视成长、也不会成长
的人，他的视野将越来越逼仄。

——于漪《于漪知行录》

"莫听穿林打叶声，何妨吟啸且徐行。"

时光匆匆，转眼之间，笔者从教已近30年。回首走过的
历程，心中一片碧海长天。

作为教育工作者，笔者的脚步始于自己的向善、向道之心。
在上级领导的支持下，在学校教师的相伴、相随下，笔者和同伴们
扎根课堂，一路求索，体会着与学生共同成长、互相成就的幸福。

以下将以小学英语学科育人方面的四点探索，来记录笔者及
团队在小学英语课堂教学研究中的成长。

第一节　在阅读实践反思中积淀厚度

　　于漪老师在《一辈子做教师，一辈子学做教师》一文中这样写道："在我的教育生涯当中有两根支柱，一根支柱是学而不厌，另一根支柱是勇于实践，两根支柱的聚焦点是反思。"多年来，笔者以此为圭臬，始终专注于课堂教学研究，有几个习惯一直坚持，即阅读、观课试课、写教学反思。第一，坚持阅读。笔者把大半的业余时间，都用来潜心读书，每次外出学习或者旅行，也总不忘在行李中带上几本书，有《中小学外语教学》《小学教学设计》这样的专业期刊，也有苏霍姆林斯基、于漪、李镇西等教育大家的著作，还有《论语》《大学》这样的传统文化经典。看到书籍中的教育理念和教学案例，笔者常会做好标注，在教育教学实践中进行类似的尝试，反复阅读，让自己的文化底蕴更深厚、知识体系更完备、认知更广阔。第二，坚持观课试课。笔者会下"笨功夫"来反复观摩近年的各级、各类优质课，把整节课中的教师和学生的语言交流逐一记录下来。其中，有教师预先的设计，也有对生成的处理，一堂好课，笔者常常从不同的维度反复研究，为什么这样设计？有哪些长处和不足？还可以怎样设计？这些思考牵引着笔者，朝着教学研究的更深处发展。对于课堂授课，于漪老师曾给出过具体、详细的方法，她说："我就写详细的教案，把自己上课要讲的每一句话都写下来，然后认真修改，把可有可无的字去掉，把不符合逻辑的地方去掉，然后把它背出来再口语化。我每天要走一刻多钟才能坐上公交车，于是就利用这一时间在脑中过电影。我怎么用精彩的导语来激发学生的兴趣，然后这堂课怎么铺开、怎么发展、怎么掀起高潮、怎么收尾，一个个环节都考虑好。就这样用以死求活的办法大概进行了两年，力求'出口成章，下笔成文'。教师的思路十分清晰，教课才能一清如水。"笔者在教学中也参考、借鉴了这样的做法，每次上课前，都会详细做好教学设计，把自己用到的课堂语言写下来，然后修改、背过，再试讲，反复修改。为了讲好一次课，笔者可以用一个多月的时间来反复琢磨，最多的时候，一节课修改二十几次，每一个细节都会反复推敲，一堂课讲下来，修改稿就有厚厚的一摞，这样的修改稿，家里有几十摞。这样的功夫下了有两三年的时间，授课思路逐渐清晰，课堂教学水平得到了很大的提高。第三，坚持写教学反思。笔者会详细地记录工作、生活中发生的故事，20多年来，积累的教育反思有上百万字。这些文字当中，有学习心得、有听课感悟，更多的是对工作和生活中小事的处理和反思，笔者尝试以这种方式来反省自己，提升自己的教育智慧。

"艰难困苦，玉汝于成。"2011—2013年，笔者所在区域的小学英语教材更换为山东科学技术出版社出版的《五•四学制 义务教育教科书 英语（三年级起点）》（以下简称"鲁科版教材"），当时教师对课堂教学的驾驭能力尚有待提升。作为师训人才库的一员，经过和领导、同事们的反复交流研讨，笔者及其团队决定依托"山东省远程研修"平台进行深度学习，用三年的时间来引领教师聚焦"课例研究"，倡导"三轮打磨、两次备课"，培养问题意识，积累日常教学中的困惑，确定研究问题，制定磨课表，依据研究问题进行观、评课，并在研讨中交流、解决教学中的困惑，追踪研究过程，打磨教学设计。笔者所在的小学英语团队制定的磨课表多次得到省专家的推荐，在课程简报上发表并获奖。

在对全市小学英语教师进行培训时，笔者依据平时所学，确定了"小学英语教学设计培训"这条主线，先后进行了对话课、阅读课、语音课、复习课等不同课型的教学设计培训，从教学活动的顺序与逻辑关系、教学活动的步骤、活动的任务设置三个方面入手，帮助教师搭建起教学过程的整体框架。针对具体的教学流程和教学策略，笔者的建议是：以不同梯度的问题设计为导向，串联起课堂教学内容，对课堂教学要求的标准是：生动的情境创设、新颖的活动设计、核心的知识运用、精练的课堂语言。结合优秀课例，引导教师从教学设计的不同维度来观课、评课，并通过现场讲课、说课、评课的方式，帮助教师厘清思路，与自己的课堂对接。多年来，我们用阅读、实践、反思不断丰富自己，积淀自己的专业素养厚度，努力引领团队教师成为学习型教师。

第二节　在课题研究中提升高度

　　"高高山顶立，深深海底行。"2016年开始，山东省远程研修聚焦"互联网+教师专业发展"，这使笔者对课堂教学的思考不断深化。义务教育英语课程体现工具性和人文性的统一，学习和运用英语有助于学生了解不同文化，比较文化异同，汲取文化精华，逐步提升跨文化沟通与交流的意识和能力，学会客观、理性地看待世界，开阔国际视野，涵养家国情怀，坚定文化自信，树立正确的世界观、人生观和价值观。那么，怎样才能在课堂教学中有效地落实小学英语学科育人的价值呢？

　　通过课堂观察、对一线教师的网络问卷、学生访谈，笔者及其团队发现区域内小学英语教师对学科育人理念的认识不明确、不深刻，存在形式化、标签化的现象；教师对小学英语学科育人理念的实施不扎实、不到位，呈浅表化、碎片化的状态；学科育人拓展资源缺乏地域性、针对性，由此萌发借力课题研究解决问题的想法。2017年7月，笔者学校申报的"小学英语学科德育课程资源的开发利用研究"课题被正式立项为烟台市重点子课题。经过四年的深入研究，笔者及其团队依据《山东省中小学德育课程一体化实施指导纲要》，根据学生的水平和教学需求，通过深入研读教材，对鲁科版教材中涉及的话题按照多元文化素养、国际理解、家国情怀的德育范畴进行归类，遵循"整合各主题内容""整合跨学科内容""整合本地域文化"的原则，进行了小学英语校本教材的开发，并提炼出了小学英语学科德育课程资源的课堂实施路径，旨在为课堂教学提供多元化的德育资源和活动形式，激发学生的学习兴趣，开阔学生的视野，拓展学生的思维。

2021年6月，课题顺利结题，但笔者对课堂教学的探索却从未止步。怎样在单元整体教学中，秉持英语学习活动观，落实"教—学—评"的整体育人观念呢？笔者紧紧围绕"基于学科育人理念的课堂教学研究"这一切入点，持续进行更深入的课题探索。2021年3月，山东省招远市小学英语名师工作室正式启动，在工作室前期的筹备过程中，笔者申请的课题"在小学英语单元整体教学中培养学生文化意识的实践与研究"被确立为烟台市教育科学"十四五"规划课堂教学改革的专项课题。自此，基于学科育人理念的课堂教学研究开启了新的历程。

随着课题研究的不断深化，笔者精准定位、不断深入，团队将"各自为战"的教学状态更新为单元整体"协同推进"的核心教学理念，提升教师的教材解读能力，深化教师的课堂教学底蕴，在实践中总结经验教训，努力成为探索型教师。

第三节　在课堂教学中拓展广度

2021年开始，笔者以名师工作室和教科研基地研究共同体的形式，开启了课堂教学改革的新篇章。课堂教学改革，落脚点在课堂，载体是教材。团队注重引导教师在正确解读《义务教育英语课程标准（2022年版）》理念和要求的基础上，充分研读教材，整合性和创造性地用好教材。

一、凝聚智慧，构建教师学习和研究共同体

笔者吸纳、聚合了区域内的小学英语骨干教师力量，聚焦要研究的关键问题，累积实践性案例，凝聚教育智慧，构建实践导向的学习和研究共同体，辐射、引领本区域小学英语教师团队走向专业化、个性化发展的道路。

自《义务教育英语课程标准（2022年版）》（以下简称《课程标准》）颁布以来，笔者及其团队开展了多轮次、多层次、多形式的专业阅读活动，以专题讲座、读书分享、分组研讨等系列化的形式呈现，引导教师深入研读《课程标准》，把握内容精髓，全面认识英语课程的育人价值和育人途径，不断更新教育教学理念；认真研读专业期刊书籍，如《中小学外语教学》《小学教学设计（英语）》等，从英语课程的育人价值层面来重新审视和定位课堂教学的功能，将《课程标准》的理念和要求落实到教学设计与课堂实施中。笔者及其团队多次在烟台市小学英语研讨与培训会上，做典型经验交流和开设专题讲座，研讨在主题意义的引领下的学科育人路径，为深入开展课堂教学研究奠定了基础。

笔者及其团队采用集体研讨、团队磨课、同课异构等方式，借助常规课、公开课、大比武等活动，依托课例进行课堂教学研究与实践，以主题为引领、以语篇为依托、以意义探究为目的，聚焦单元整体教学，通过学习理解、应用实践、迁移创新等活动，将课程理念转换为有效的课堂教学行为。在探索实施主题意义引领下的课堂教学模式的过程中，团队教师群策群力，提升了自身课程设计与实施的能力，拓宽了专业视野，提高了教学水平。

二、整合教材内容体系，建立单元整体教学案例资源库

笔者及其团队要求教师研读和梳理整套教材的编排特点，特别是各册之间、各单元之间，以及单元内各课之间的逻辑关联和进阶特点，根据学生已知，合理制定教学目标，对教材内容进行科学、合理的重组取舍，实施精准教学，建立单元整体教学案例资源库。大单元教学设计案例丰富并促进了小学英语优质教学资源库的建设。2023年3月，在山东省单元整体教学设计案例评选活动中，团队提交的"Spring Festival"被评为优秀案例。

三、创新作业评价机制，建立多模态的学生作品资源库

笔者及其团队要求教师依据《课程标准》，基于单元教学目标，兼顾个体差异，整体设计单元作业和课时作业，帮助学生形成积极的情感体验，提高自我效能感。教师依据课堂所学与学生生活的关联，设计复习巩固类、拓展延伸类和综合实践类等多种类型的作业，如朗读、角色扮演、复述、书面表达、故事创编、海报制作、戏剧表演等。作业的设计要体现多形态、多层级的特点，突出鲜明的个性差异。比如鲁科版教材五年级下册Unit 2 Good Behaviour 这一单元的作业设计如下：提供四个进阶任务，每个任务提供多种作业形式，供学生自主选择。①选一选：列出不同的情境，让学生自主选择，观察生活中的场景，分析这些情境中的好行为或者不文明行为，如：on the street、at school/ home、in the classroom/ cinema/ library/ museum/ hospital、in the park/ zoo、on the bus/ train等各种场合；②查一查：查阅所选择场合的标识、标语及意义，

自行创作如班级、教室或家中的规则标识，搭配对应的规则，小组分工合作完成；③画一画：选择连环画、手抄报、思维导图、海报等形式进行制作，图文并茂地展示不同场合的文明行为；④讲一讲：将以上的成果改编为课本剧，或以志愿者宣讲的形式，拍成视频进行呈现。

学生分工合作，选择适合自己水平和特点的作业形式，从选择场景，到查阅资料、制作思维导图或海报，再到设计场景、整合创编、录制编辑、加工完成，都是学生自主完成。从街道到公交车，再到图书馆，三个场景的转换，对三个地点中good behaviour进行阐述，通过朋友之间的对话展示出来，实现从书本到生活的真实转换。

2021年线上教学，不能出门，学生就采取单独录制，然后剪辑合成的方式来进行课本剧的表演。煜轩平时的英语学习不是特别出色，但作业形式的创新，给了她极大的创作动力和发挥空间，她和几个同学合作，自创自编、自导自演，同一个主题还进行了1.0和2.0的梯度式改编，在爸爸、妈妈的支持下，居家学习期间，她完成了"How to keep healthy？""Plan for the Summer vacation"等不同主题的小视频。有的视频是她单独的创作和出镜，也有的是她和同学们分别在自己家拍摄，然后合成编辑到一起。经过一年的练习，她拍摄了十几个展示视频，发布之后，大家纷纷点赞，她的英语积极性得到了飞速提高。

学生将所学用于实际生活中，提升了语言和思维能力，发挥了学习潜能，实现了语用价值。2022年6月，在烟台市优秀作业评选与展示中，团队教师的作业设计分别荣获烟台市作业设计一、二等奖。在创新评价形式、发挥作业评价的育人功能方面，笔者取得了可喜的效果。

通过实践与研究，笔者及其团队引导教师改变传统的以鼓励记忆和操练语言点为主的知识导向教学方法，从浅表性、碎片化和应试的教学模式中走出来，转向素养导向的单元整体教学实践。在英语学习活动观的指导下设计并组织学习活动，鼓励和引导学生在真实、复杂的情境中利用所学知识解决实际问题，走出教材，超越学科，回归生活，实现学科育人的改变，育人、育心，努力成长为智慧型教师。

第四节　在学科育人研究中品味温度

教师是确保英语课程有效实施的关键要素，要着力引导教师在教学研究中准确、深刻地领会课程理念、目标和要求，并转化为切实、有效的教学实践，不断提升教师的专业素养，全面促进学生核心素养的形成与发展。

一、坚持反思，促进自身专业可持续发展

《课程标准》指出，教师的专业化水平是成功实施课程的关键保障。教学反思是促进教师专业化发展的有效途径。团队引导教师基于具体问题，不断对自己、对自己的教学实践和相关事件进行深入的反思，善于从实践中发现意义与价值，在持续的反思性实践中提升教学实践能力，实现自身专业的可持续发展。笔者及其团队引导教师在学习、实践与反思中，激活教学智慧，提炼出适合个人特点的、有利于促进学生自主学习和提高学生学习效果的教学方式和方法，成为不断进取、具有反思意识和创新精神的英语教师。

二、拓宽渠道，提升教师课程育人能力

《课程标准》指出，推动实施单元整体教学。教师要强化素养立意，围绕单元主题，充分挖掘育人价值，确立单元育人目标和教学主线；深入解读和分析单元内各语篇及相关教学资源，并结合学生的认知逻辑和生活经验，对单元内容进行必要的整合或重组，建立单元内各语篇内容之间及语篇育人功能之间的联系，形成具有整合性、关联性、发展性的单元育人蓝图；引导学生基于对

各语篇的学习和主题意义的探究，逐步建构和生成围绕单元主题的深层认知、态度和价值判断，促进其核心素养综合表现的达成。

笔者及其团队采取区域教研、主题教研、课例展示、项目研究等多种形式，有针对性地将共性问题归纳、梳理成系列教研主题，沿着"问题呈现—团队研究—集体分享—课例展示—专家点评—成果固化"的路径，促进教师将课程理念转化为有效的课堂教学行为，促进学生核心素养的形成与发展。

近年来，笔者学校连续承办市级小学英语主题教研活动，其团队积极承担引领课堂教学、指导青年教师授课等任务，引领教师在课堂教学上下功夫，深入研读整合教材，梳理出引导课堂过程的问题清单，使课堂有文化底蕴、有思维含量；利用观课量表，对课堂教学进行观察、分析，帮助小学英语教师解决教与学过程中遇到的困惑，为教师的专业成长献计、献策，强化实践能力和指导作用。先后有多位骨干教师进行了市级经验交流和课堂展示，笔者正在努力成长为领航型教师。

"一枝独秀不是春，百花齐放春满园"，教师既要仰望星空，又需脚踏实地，共同学习、共同成长，完成立德树人的根本任务，在成就学生的同时，也要享受更有趣味、更有意义的教育人生，成为更好的自己！

第二章

基于学科育人理念的
教科研探索

回顾与反思是教师必做的功课之一。教育生涯是一个充满思考、不断反思的过程。反思走过的路，不是自我陶醉，而是认识以前的模糊、迷茫乃至迷失，认识某些教学举措的走调、错位以及形成的后果，寻觅更适合学生内心需求的教育内容、教学方法。不断自我否定，不断自我超越，才会持续发展，永远向前。

——于漪《于漪知行录》

教师思维的他向性，是指教师运用自己的思维来引导学生如何运用自己的思维去认识世界，去理解、掌握知识和能力，去发现、分析与解决学习过程中遇到的各种问题。也就是指导学生、激励学生学会正确的思维方式。学生学会思考是学会学习的关键，因而教师思维他向性的水平与质量就显得十分重要。

第一节 基于单元主题意义，培养学生文化意识

《义务教育英语课程标准（2022年版）》（以下简称《课程标准》）是这样表述文化意识的：文化意识是指对中外文化的理解和对优秀文化的鉴赏，也是学生在新时代表现出的跨文化认知、态度和行为选择。文化意识的培养有助于学生增强家国情怀和人类命运共同体意识，涵养品格，提升文明素养和社会责任感。

主题意义是指文本主题所呈现的核心思想或深层含义，往往与文化内涵和情感、态度、价值观相关。《课程标准》指出："教师要对语篇的主题、内容、文体结构、语言特点、作者观点等进行分析；明确主题意义，提炼语篇中的结构化知识，建立文体特征、语言特点等与主题意义的关联，多层次、多角度地分析语篇传递的意义，挖掘文化内涵和育人价值，把握教学主线。"

课堂教学中，很多教师过于关注语言知识的学习和语言技能的训练，忽视了围绕主题意义的文本信息整合，对单元的主题意义不够重视，将语言的学习与文化意识的培养割裂开来了。为了解决以上问题，笔者进行了课堂教学探索与实践，下面将结合鲁科版教材的教学课例，从厘清结构、研读图文、创编活动三个方面，来阐述笔者对挖掘教材文化内涵、培养学生文化意识的实践与思考。

一、厘清结构，提炼单元主题意义

单元是承载主题意义的基本单位，鲁科版教材的每个单元都有明确的主

题。教师应厘清单元结构，提炼单元主题意义，围绕主题开展教学活动，引导学生充分理解和探究主题内涵和文化价值。

鲁科版教材四年级下册Unit 3 的话题是"Restaurant"，主要内容是谈论饮食并表达自己和他人的饮食喜好。内容分别是"Lesson1 I want to eat noodles."表达对食物的喜好和需求；"Lesson 2 What would you like？"询问并表达对中餐的喜好和需求；"Lesson 3 Would you like something to drink？"询问并表达对西餐的喜好和需求，感知中西方饮食文化的差异与融合；"Lesson 4 Again, please！"学习点餐用语，感受就餐礼仪。单元情境构成是：来自加拿大的Tom一家都喜欢吃中国食物，由于妈妈不会做中餐，他们决定去外面的餐馆吃。Tom一家在中餐馆用餐，Li Ming一家则在西餐馆用餐，Lesson 4中出现了制定健康食谱的内容。经过反复分析，将单元整体框架解读为"Let's eat out. At the Chinese restaurant. At the western restaurant. Make a healthy menu."，主题意义提炼为：关注饮食需求，感知中西方饮食文化的差异与融合，了解就餐礼仪，正确、文明地点餐用餐。

再比如五年级下册Unit 3 Health，Lesson 1 和Lesson 2 中呈现的情境是王红感冒了，身体出现各种不适，妈妈、老师和朋友们都非常关心，医生也给出了治疗措施，Lesson 3呈现了如何保持健康，Lesson 4呈现了小胖牙疼的故事，可以让学生运用所学知识提出健康建议，最后呈现了百岁老人Nancy的故事，揭示健康秘诀。笔者将前三课解读为"See the doctor. Care for the patient. Keep healthy."，紧紧围绕主题，有序递进。其主题意义提炼为：树立健康生活意识，养成健康生活的习惯，做健康宣讲"小达人"。

二、研读图文，探究单元主题意义

对主题意义的探究是学生学习语言最重要的内容，单元的语篇和插图中都蕴含着丰富的文化内涵。教师在备课时应细致地研读图文，引导学生发现文本、插图等传递的文化信息，领会字里行间所蕴含的文化内涵，在充分理解图文信息的基础上，内化单元主题意义。笔者将从"围绕主线，创设整体情境""融合插图，衔接课时情境""拓展信息，充盈语篇应用""关注留白，延展语篇意义"四个方面对本节进行解读。

（一）围绕主线，创设整体情境

鲁科版教材在每一个单元前都有主情景图，是基于单元主题而提炼的连续性的情境组合，每个课时都有独立情节但又相互关联，聚合之后成为一个完整的故事。主情景图就是教师授课时的一条主线，围绕这条主线，创设整体情境，帮助学生深入理解单元主题。

以四年级上册Unit 4 Seasons为例，主情景图展示了四幅图，是公园四季的不同景色，包含了季节、气候、服装、活动以及各季节的植物特征。笔者在授课时，将情景图解读为"climate, clothes, activities, colours"，设置以下问题，依次提问："What season is it? What's the climate? What clothes do they wear? What do they do?"逐课时增加话轮，学生描绘自己喜欢的季节、穿着的衣服以及爱好和活动，实现了语言的循环递进，提炼的主题意义为：了解季节特征与变化，感受季节与生活的多彩，分享美好四季。引导学生热爱大自然、热爱家乡，激发学生对家乡、对祖国的美好情感。

（二）融合插图，衔接课时情境

鲁科版教材中，单元各课时之间存在内在联系，如果忽视了课时在单元中的地位，以及与其他课时之间的内在联系，会导致课时情境的割裂和孤立。教师应结合教学活动的连续性、推进性，将插图前后串联，融合呈现，补充背景，延展情境，使课堂内容更流畅、丰富。

比如笔者在对五年级上册"Unit 6 Christmas Lesson 2 I will put the lights on the tree."进行授课时，利用第1课的插图进行导入："At Christmas, the family get together .They have a big dinner, they sing Christmas songs, they get presents from Santa. These are the Christmas customs. What else do they do? At Christmas, they also decorate the Christmas tree. They will put different things on the tree. They are the best wishes for the family and friends."这样的设计，承上启下，既归纳了前一课学过的圣诞节习俗，又点出了这些习俗的意义，对学生理解节日文化、

丰富文本情境起到了良好的作用。

以五年级上册"Unit 5 Sports Lesson 3 We had a football match."为例，昨天举行的一场足球比赛，二班踢得很好，一班踢得也很好，所以比赛过程并不容易，最后二班赢得了比赛。第3幅图Danny用尾巴触碰进了一个球，大家都很兴奋，教师这样引导学生思考："Danny shot the ball with his tail. What do you think about his tail？"，第二个问题是"Did Danny win the match by himself？"。这样的问题设计引发了学生的深度思考，进一步明确足球是一项团队活动，让学生理性地辨别Danny在足球比赛中的作用，不会让学生认为Danny射中了一个球，而将功劳归功于他一个人，这是合作的力量。紧接着教师又抛出下一个问题："Did Danny play football well in Lesson One？"。从Lesson 1的插图中可以看出：Danny一开始踢得并不好，教师引领学生回顾本单元情景，整体观测Danny前后的变化，从而客观、公正地评价Danny，再借机引导学生："Danny practiced more，so he can play well now. Also practice more，your English will be better and better."思考Danny从开始踢球踢得并不好，到最后踢得非常好，原因是坚持不断练习，凡事都会变得越来越好。这就是将文本中的德育因素落实，与学生的实际生活相联系，形成正迁移。

（三）拓展信息，充盈语篇应用

文本是文化的载体，教师在文本研读中要有更广阔的文化视野，挖掘出语言背后的深层文化内涵，帮助学生理解、分析文化信息，并进行有针对性、有选择性地补充，从而深化主题意义。

以四年级下册"Unit 4 Weekend Lesson 1 Sometimes I do housework."为例，教师利用Unit 2 Housework学过的do housework的知识，制作了教材中出现的各类家务的思维导图，并提问："Do you often do housework？What housework can you do？"创设真实情境来引导学生树立对家务劳动的正确认知，并建议"Try to help your parents and share the housework."。在学习单词help时，解读细致而真实：help the old/help the young/help the blind/help your friends，运用不同的图片创设不同的情境，以旧带新，在情境中学习新单词。在知识上进行了跨单

元整合，前后串联，唤醒学生的知识储备，利用图文，落实做家务，帮助老、弱、幼等细节，并加以引导、肯定，起到了学科育人的作用。

四年级下册Unit 3 Restaurant Lesson 3 Would you like something to drink？课时目标为：了解中西方饮食文化的差异。教师从food、table ware、dining style和festival food四个方面穿插对中西方饮食文化进行了对比，比如怎样拿刀叉？刀叉的摆放有什么含义？怎样点餐？怎样使用礼貌用语？这与学生现有的生活经验存在信息差，是他们愿意去探究、了解的。但同时，我们也在不断追问：我们的课堂是否止步于此呢？针对本单元提炼的主题意义：对中西方饮食文化进行对比，并倡导健康饮食，笔者又有了更深一层的思考：有的学生很喜欢洋快餐，并认为国外的饮食什么都好，也有的学生非常排斥西餐，面对这样的情况，教师开展了这样一个活动：Bob是一个胖胖的小孩，他喜欢吃汉堡、比萨、鸡腿，喝各种饮料，饮食结构不健康，怎样给他制定一个健康的食谱让他更健康呢？带着这样的任务，学生开始了讨论，课堂实录如下：

A：It's Monday. What do you want to eat for breakfast?

Bob：I want to eat hamburgers.

A：Sorry，you can't.

Bob：Oh，I want to eat noodles.

A：OK. It is nice.

B：What would you like for lunch？

Bob：I'd like pizza and some cake.

A：Sorry，you can't.

Bob：Oh，I want to eat rice and fish.

A：OK. They are nice.

C：Would you like rice and vegetables for dinner？

Bob：Yes，I like vegetables. They are yummy.

最终，教师予以点拨："Chinese food or western food，healthy food is the best."这一活动，依据教材，但不止步于文本，充实、丰盈了语篇意义，给学生以正确的行为导向。

任何语言都根植于特定的文化背景之下，教师不仅要向学生呈现中西方文化的差异，如中西方对收到礼物时的不同表现、对女性年龄的不同态度、对数字的不同喜好及意义、中西节日的不同习俗、中西饮食的不同，等等。教师更要注重学生文化意识的培养和品格的形成。以五年级上册"Unit 2 Birthday Lesson 2 Have some cake，please！"为例，教师与学生进行对话，询问过生日时你许愿了吗？会是什么样的愿望？引导学生理解许愿的实际内容比吃蛋糕更有意义，引领学生理解并熟悉西方文化中更有价值的东西。在拓展环节，让学生思考不同国家的人在生日时吃什么？做什么？有什么寓意？引导学生理解：西方人过生日吃蛋糕，中国人过生日时常吃面条、饺子。虽然不同的国家存在不同的风俗人情，但不管是何种地域、何种文化背景，期望平安顺利、健康成长的美好愿望都是共同的，这样就形成了更为合理的对异国文化的态度。再如五年级上册"Unit 4 School in Canada."在引导学生比较中西方学校的差异之后，教师特意设计了这样的问题："What do you think of the school life in Canada/ China？"，引导学生进行思考，碰撞交流，教师再适时地引导，让学生感受中国孩子勤奋努力、外国孩子勇敢创新的不同品质，提升鉴别能力，树立一种辩证看问题的思维意识，增强民族自信心，兼收并蓄，获取所长，形成合理的跨文化态度。

（四）关注留白，延展语篇意义

教材中隐含着诸多的留白之处，为学生提供思考的空间。教师不仅要引导学生解码文本表层信息，还要在留白处设计问题，深入挖掘其中的意义，让学生依托文本提供的信息发挥想象，对语篇所表达的意义做进一步的拓展和迁移。

以四年级下册"Unit 2 Housework Lesson 4."为例，故事内容是：Peter拿着足球来找Li Ming玩，看到Li Ming正在做饭，Peter很惊讶，Li Ming告诉Peter自己正在制作面包，这个时候，Danny在餐厅吃面包，吃得津津有味。这个小故事有充分的留白可以去挖掘，教师设计了这样的问题去引导："What will Li Ming and Peter do next？Will they play football or make bread？Can Danny make bread? What will they say? What will they do?"留白的挖掘和问题的设计，具有开放性，学生的选择不同，教师有针对性地进行评价。如："Playing football is a good hobby. /You can make bread. You are so great. /You can help your parents. You are helpful."。无论哪一种，都形成了正迁移，给学生以正向引导。

再如三年级下册"Unit 6 Time Lesson 2 It's time for class."中的最后一幅图，Li Ming和朋友们4点半放学，回到家后5点，Danny对Li Ming说："It's five o'clock. It's time for games."这个留白为学生提供了很大的探究空间。教师进行了这样的引导："Is it time for games? Is it time for homework? What will Li Ming do? What will you do?"设置的问题跟学生的实际生活有着紧密的联系，有的学生说："It's time for games."因为只有适度休息之后才会更投入地进行学习；有的学生说："It's time for homework."因为只有先完成作业才能玩。面对开放性的留白，教师的建议是"Make a reasonable timetable."，制定合理的时间表，有序地安排自己的时间。在教学中，教师要抓住留白资源，引导学生深入挖掘文中言而未尽之意，深入探究语篇意义，明理导行，延展到自己的学习和生活中。

三、创编活动，升华单元主题意义

教师应紧密联系文本主题，创编活动，引导学生反思、总结、提炼，深度理解主题意义，从而获得启发、升华主题，实现立德树人的总目标。

笔者创编了项目式活动，学生通过资料查阅、对话交流、表演复述、思维导图、海报、绘本、单词小书等形式进行展示。如：五年级下册Unit 3 Health设计了"健康形象代言人"活动，围绕主题Health来设计海报，以小组的形式交流、汇报，评选"班级健康形象代言人"；四年级下册Unit 3 Restaurant设计了"饮食大观园"活动，学生通过查阅资料、收集词汇，以图文并茂的形式，制作出了自己的创意海报，并在班级中展示、交流；三年级的学生，语言储备比较少，教师就让学生回家查阅词汇，做成单词小书，有饮食类、水果类、学习用品类等内容；五年级Unit 6 Plan for the Summer教师设计了"我的暑假我做主"活动，围绕暑假活动进行规划，并交流、分享。这些活动为学生提供了真实的情境，将所学用于实际生活，实现了语用价值，升华了单元主题意义。

教师应立足课堂，不断提升自身的文本解读能力，通过对单元主题意义的探究，培养学生的文化意识，落实学生的英语核心素养，实现学科育人的目标。

第二节　主题意义引领下的小学英语学科育人研究

　　《义务教育英语课程标准（2022年版）》（以下简称《课程标准》）指出：要把落实立德树人作为英语教学的根本任务，准确理解核心素养内涵，全面把握英语课程育人价值，培养有理想、有本领、有担当的时代新人，使学生开阔国际视野，涵养家国情怀，坚定文化自信，树立正确的世界观、人生观和价值观。学科育人是实现立德树人目标的重要途径，也是宏观目标在学科教学上的日常实践。学科育人即注重学科特质和独特功能，通过学科的教与学，落实育人的最终目标。改革育人方式，发挥学科育人功能，是全面提高教育质量的内在要求。

　　然而，许多教师将英语学科教学与语言知识和技能教学画等号，对英语学科本身蕴含的育人功能视而不见，导致英语教学处于浅表、破碎、短视的境地，难以真正发挥英语课程的育人价值。

　　本文将以"主题意义引领下的小学英语学科育人研究"为视角，从What、Why、How三个维度来阐述如何在日常语篇教学中实现学科育人。

　　首先是第一个维度What，分为三个小问题：什么是课程育人？什么是主题？主题意义引领与育人的关系是什么？

　　问题一：什么是课程育人？

　　《课程标准》在"课程目标"——"核心素养内涵"中指出：核心素养是

课程育人价值的集中体现。英语课程要培养的学生核心素养包括语言能力、文化意识、思维品质和学习能力。语言能力是核心素养的基础要素，文化意识体现核心素养的价值取向，思维品质反映核心素养的心智特征，学习能力是核心素养发展的关键要素。核心素养的四个方面相互渗透、融合互动、协同发展。

问题二：什么是主题？

《课程标准》在"课程内容"部分指出：英语课程内容由主题、语篇、语言知识、文化知识、语言技能和学习策略六个要素构成。

课程内容的六个要素是一个相互关联的有机整体，共同构成核心素养发展的内容基础。其中，主题具有联结和统领其他内容要素的作用，为语言学习和课程育人提供语境范畴。

什么是主题呢？程晓堂教授在《义务教育英语课程标准关键问题解读》一文中指出，根据《现代汉语词典》，"主题"通常是指某文学、艺术作品中所表现的中心思想；"主题"也可指文件、报告、会议的主要内容或主要话题。也就是说，"主题"主要有两个意思：第一，主题就是中心思想；第二，主题就是主要话题。

从《课程标准》列出的主题群和子主题可以看出，《课程标准》中的主题更接近话题，而不是中心思想。话题一般比较具体、比较微观；主题是对相关话题的提炼和归纳。如果借用英语的表述方式，与"主题"大致对应的是subject matter，与"话题"大致对应的是topic，与"中心思想"大致对应的是theme。《课程标准》对主题的学习范围和学习要求做了以下描述：主题包括人与自我、人与社会、人与自然三大范畴。其中，"人与自我"以"我"为视角，设置"生活与学习"和"做人与做事"等主题群；"人与社会"以"社会"为视角，设置"社会服务与人际沟通""文学、艺术与体育""历史、社会与文化"和"科学与技术"等主题群；"人与自然"以"自然"为视角，设置"自然生态""环境保护""灾害防范"和"宇宙探索"等主题群。各主题群下设若干子主题。

问题三：主题意义引领与育人的关系是什么？

《课程标准》在"课程实施"——"加强单元教学的整体性"中有这样的教学建议：教师要建立单元语篇内容之间及语篇育人功能之间的联系，形成具有整合性、关联性、发展性特点的单元育人蓝图；引导学生基于对各语篇内容的学习和主题意义的探究，逐步建构和生成围绕单元主题的深层认知、态度和价值判断，促进其核心素养综合表现的达成。

在"深入开展语篇研读"中有这样的教学建议：

教师在研读语篇时要重点回答三个基本问题：第一，语篇的主题和内容是什么，即What的问题。第二，语篇传递的意义是什么，即Why的问题。不论口语语篇还是书面语篇都有其特定的交际目的或传递的主题意义，即作者或说话人的意图、情感态度或价值取向等。第三，语篇具有什么样的文体特征、内容结构和语言特点，如果语篇配有图片或表格，其传递何种意义或具有何种功能，即How的问题。因此，可以看出，主题引领是本次课程知识内容选择和组织的一个重大突破点和亮点，指向核心素养的教学倡导以主题为引领的单元整体教学，只有当教师站在主题和单元的学科高度去思考时，才能真正实现学科育人的目标。

第二个维度：Why？为什么要进行这样的研究？

目前英语课堂或多或少地存在这样的问题：一、语言碎。学生的语言输出仅局限于本课的核心知识，例如词汇、语法、句型等，没有关注到语篇，也忽视了语篇所承载的内涵、语篇结构、语言特点、思想表达等。二、活动散。教学的各个活动只关注到了设计的目的，没有关注到活动之间应有的层次性和逻辑性。三、情境单。情境的创设没有关注到本单元的大情境、课时的小情境、活动的微情境，情境的创设缺乏统整性和关联性。四、意义浅。教学目标的制定只关注了语言知识的落实、技能的提升，育人价值也往往采取贴标签、喊口号的形式，语言表达的背后应该是知识的建构、思维的训练、方法的渗透以及思想的表达，育人价值也应该在语言学习的活动中得到体现。

第三个维度：How？怎样进行主题意义引领下的学科育人研究？

笔者将以鲁科版教材五年级下册Unit 2 Good Behaviour为例，从"厘清结构，提炼主题意义""研读语篇，落实主题意义""多元评价，升华主题意义"三个研究路径，与大家共同交流。

一、厘清结构，提炼主题意义

鲁科版教材每个单元都有明确的主题，课时之间的情境具有延续性和递进性。单元主题是指单元内各个语篇中蕴含的主题意义，例如了解动物习性、爱护动物、关心关爱家庭成员、熟悉和热爱学校生活等。教师应厘清单元结构，提炼单元主题意义，围绕主题来开展教学活动，引导学生逐步建构对单元主题的认知。《课程标准》提出人与自我、人与社会、人与自然三大主题，五年级下册Unit 2 Good Behaviour属于"人与社会"大主题。本单元内容围绕Good Behaviour这一主题展开，涉及五个语篇，包括Lesson 1、Lesson 2两组对话、Lesson 3一个配图小故事、Lesson 4小故事和Try yourself一个配图小故事。

单元情境是Li Ming和家人去动物园游玩，经历了过马路、坐公交车、在动物园观赏动物三个延续的情境。Lesson 1是Li Ming一家在过马路时的场景对话，语篇围绕Good behaviour on the street，梳理、总结了交通规则，使出行更安全。

Lesson 2是Li Ming和家人在公交车上的场景对话，语篇围绕Good behaviour on the bus，梳理、总结了公交车上的文明行为，使出行更温暖。

Lesson 3是Li Ming一家在动物园里的场景对话，语篇围绕Good behaviour in the zoo，梳理、总结了动物园里的文明行为，让人与动物、人与自然和谐相处。

Lesson 4的小故事，通过诺贝尔奖得主卡皮察（Kapitsa）的经历，说明在幼儿园养成的好行为、好习惯，让人终身受益。

Try yourself 的配图故事The Magic Words 中，男孩因为语言文明实现了自己的小心愿，让学生明白好行为使人更受欢迎。

基于《课程标准》，本单元的主题意义不仅在于培养学生安全过马路、安全乘车、安全游览的能力，而且还涉及对安全意识、规则意识、文明礼仪的深层理解，即从交通规则到其他规则、从规则本身到遵守规则的意义、从规则意识到公民应尽的义务和责任。在准确把握课标和深度解读语篇的基础上，我们提炼出了本单元的主题意义为："Keep good behaviour, be a good pupil."。

二、研读语篇，落实主题意义

下面将从"基于主题语境，梳理单元内容""基于主题意义，确定单元目标""深入研读语篇，确定课时目标""基于主题意义，解读语篇内涵"四方面来解读本节内容。

（一）基于主题语境，梳理单元内容

五年级下册教材共六个单元，涵盖了人与自我、人与社会两大主题，Unit 2 Good Behavior 属于人与社会的一个子主题，它与五年级下册的Unit 1 Winter Holidays、Unit 4 Neighbourhood、Unit 5 Country Life融合，形成了人与社会的大主题认知。

Good Behavior 这一子主题与之前学过的内容有相关联系，这为本单元的语言内容和情境推进做好了铺垫。

三年级下册Unit 3 Animals，词汇是：zoo、tiger、panda等。

句型是"Let's go to the zoo.""What's this/that?""It's...""What are these/those?""They are..."。

与本单元的关联：讨论动物园的见闻以及感受。

四年级下册Unit 2 Housework，词汇是：housework、clean、wash等与家务劳动有关的词汇。

句型是"Can you clean your shoes?""Yes, I can./No, I can't."等。

与本单元的关联：讨论家庭中做家务的话题，同时也为家庭中的好行为做了铺垫。

四年级下册Unit 6 Travel，词汇是：bus、car等交通工具。

句型是"Where are you going?""How are you going there?"等。

与本单元的关联：接触不同交通工具的表达方式，为出行做好知识储备。

以下是学生需要在本单元学习的核心句式和技能与策略。

"Lesson 1 Let's stop and wait." 核心句式是有关的交通规则；技能与策略学习要点是在看图、听对话的过程中，梳理、总结交通规则，列举"Good behaviour on the street."。

"Lesson 2 Don't shout, please！" 核心句式是"Don't shout." "Don't put your bag on the seat." 等；技能与策略学习要点是在听、读对话的过程中，梳理、归纳公交车上的文明行为。

"Lesson 3 They are in the zoo." 核心句式是"Don't walk on the grass." 等；技能与策略学习要点是谈论在动物园里应遵守的礼仪规范，初步运用掌握的阅读策略，来解决阅读中存在的问题。

"Lesson 4 Again，please！" 核心句式是"Don't..." "Please..."；技能与策略学习要点是场景迁移，在真实语境下创设故事，进行表演。

"Try yourself The Magic Words." 核心句式是"Say the magic words."；技能与策略学习要点是表述不同公共场所的规则和好行为，并展示。

（二）基于主题意义，确定单元目标

本单元中，教师围绕Good Behaviour这一单元主题，对单元内各语篇进行深入研读与分析，挖掘出语篇中蕴含的育人价值，在主题意义和语篇内容之间建立联系，整合单元各板块学习内容，单元目标逐步推进实现的过程，也是学生遵守规则到内化行为的过程。从语篇中的街道、公交车、动物园三个不同的场景，引申到更多的公共场所，如图书馆、医院、电影院、学校、班级等。引发学生思考：在生活中的好行为包括什么，该怎样做，自己能为家人、朋友、陌生人、大自然做些什么，以使生活变得更加美好、温暖。单元设计遵循小学高年级学生的认知规律和思维特点，从学生生活经验出发，由浅入深、由具体到抽象，不断地引导学生将对语篇的理解和思考与语言的真实运用进行结合，做到知行合一，实现课程育人。

在梳理单元主题意义和语境的基础上，确定单元学习目标。

完成本单元学习，学生能够：

（1）能梳理描述在街道、公交车、动物园、学校等公共场所的规则和好行为。

（2）能介绍不同公共场所的规则，并和同学进行交流。

（3）能树立规则意识，践行家规、校规，自觉遵守公共场所秩序，逐步养成"文明、守礼"的良好品格。

（三）深入研读语篇，确定课时目标

《课程标准》在"课程实施—教学建议—深入开展语篇研读"中指出：教师要以语篇研读为逻辑起点开展有效的教学设计，充分发挥语篇在传递文化意涵，引领价值取向，促进思维发展，服务语言学习、意义理解与表达等方面的重要作用。开展语篇研读，教师要对语篇的主题、内容、文体结构、语言特点、作者观点等进行分析；明确主题意义，提炼语篇中的结构化知识，建立文体特征、语言特点等与主题意义的关联，多层次、多角度地分析语篇传递的意义，挖掘文化内涵和育人价值，把握教学主线。（教育部，2022）

笔者将从What、Why、How三个维度来对团队中的王老师在烟台市课堂教学研讨会上执教的课例"Unit 2 Good Behaviour Lesson 2 Don't shout, please!"进行语篇解读。

What：本课内容是围绕Li Ming和Danny在公交车上的文明行为展开的场景对话。

Why：通过小伙伴们在公交车上发生的故事，思考Good behaviour on the bus，梳理、总结了公交车上的文明行为，让出行更温暖。

How：该对话是比较典型的学生日常生活对话，涉及介绍规则的词汇，如：shout、seat、put，以及公交车上的文明礼仪，如："Don't shout.""Don't put your bag on the seat.""Please take my seat."。使用祈使句来阻止特定场合的不文明行为，达到规劝别人的目的。对话情节简单、易于理解，具有现实意义和教育意义。

通过对语篇的研读，确定本课的教学目标。

学完本课后，学生能够：

（1）通过录音、动画和图片，梳理对话中涉及的公交车上的文明行为，理解对话大意，并能有感情地朗读对话。（学习理解）

（2）借助支架，分角色表演对话；续编对话并表演，在公共场所中有良好的行为举止。（应用实践）

（3）评价Danny的行为，并说出原因。（应用实践）

（4）小组合作，交流不同公共场所的文明行为，并汇报展示。（迁移创新）

完成课时目标所需的核心语言如下：

【核心词汇】

shout，seat，put，far，near，get off

【核心句型】

Don't shout. Don't run. Don't push. Don't put your bag on the seat. Please sit here. Take my seat. Be quiet. Wait in line.

I think...（naughty，helpful，kind，nice...）

（四）基于主题意义，解读语篇内涵

教材的语篇和插图中都蕴含着丰富的文化内涵，教师应细致地研读图文，引导学生发现、解读语篇中传递的文化信息，深入内化单元主题意义。下面将从"设计问题链，使主题意义探究更清晰""关注留白，使主题意义探究更真切""设置层次性任务，使主题意义探究更深入"三个方面对本节进行解读。

1. 设计问题链，使主题意义探究更清晰

问题是思维的起点。教师在教学中应向学生提出具有挑战性的、富有价值的问题，形成问题链，以问题链为导向，挖掘出语言背后蕴含的深层内涵，引领学生的思维，促进学生持续、深入的交流探讨，达到明理导行的效果。王老师在学习理解环节，讲解"Don't shout, please！"这一规则时，设计了以下问题链："What rules does Danny learn on the bus？Why does Danny shout？Where can't we shout？What do you think of Danny？"。引导学生关注

Danny学到了什么规则？为什么大声喊叫？还有哪些场合不能大声喊叫？你怎样评价他的行为？为什么这样评价？学生认为Danny在公交车上出声大喊是由于兴奋，他们指出Danny在公共场所大喊是不文明的。那怎样做才是文明的呢？教师让学生分别用不同的语气和情绪来模拟Danny说话，让学生亲身感受，更能体会出在当时的情境下，应该有什么样的举止。王老师又追问："In many places，we can't shout. Where can't we shout？"并提供支架"We can't shout _____."，让学生进行结构化的建构，使操练有情境可依、有支架可练。学生结合实际生活，回答"We can't shout in the cinema/ hospital/ classroom/ library."等，教师总结、归纳："They're public places. We can't shout in public places. It's good behaviour."创设情境从公交车上延伸到其他公共场所，让学生明白，文明行为需要延续和迁移，这也是本课的主题意义所在。

在学习理解环节，讲解"Don't put your bag on the seat."这一规则时，王老师询问："Where can Danny put his bag？"学生联系自己的生活经验，回答"He can put the bag on his legs/ under the seat/ on the floor/on his back/ in his arms."，并做了示范。在以上的案例中，王老师的提问，从学生的认知规律出发，遵循了由易到难的原则，问题之间逻辑相关、环环相扣、层层递进。教师通过这些问题来引导学生由浅入深地对语篇进行思考，展开真实的语言交流，逐步加深对主题意义的探究。同时，也使语篇内容更加开放和灵活，促进学生的深度学习，语篇的育人价值也得以发挥。

2. 关注留白，使主题意义探究更真切

小学英语对话简单，但隐含着大量信息，为学生提供了思考和自由发挥的空间。教师不仅要引导学生解码文本表层信息，还要在留白处设计问题，深入挖掘，让学生依托语篇提供的信息发挥想象，对语篇所表达的意义做进一步的拓展和迁移。

Lesson 2的结尾是公交车将要到达动物园，Lesson 3 的情境是他们一家人已经在动物园里，王老师对情境衔接的留白进行了挖掘，加入了Danny在售票处插队买票的场景，提问："Is it good behaviour? What do you want to say to

Danny？"学生整合前面所学的内容，展开想象，思考后作答"Don't push. / Don't run. /Let's wait in line."等。

Danny在公交车上的言行举止，其传递的育人价值隐藏在语篇背后，需要教师来引导学生去关注。王老师在学习理解环节的三处设置了问题"What do you think of Danny？"，分别是探究"Don't shout, please！"规则时、探究"Don't put your bag on the seat."规则时、进行Look back 语篇回顾时，鼓励学生根据语篇中的信息，对Danny进行评价，培养批判性思维。同时，结合五年级学生的语言水平，王老师也用"How do you know it？"来追问，让学生说明这样评价的原因。学生在语篇中找出对应的句子，以模拟Danny的语气和情绪的方式，来说明评价的理由。

课堂实录片段如下：

T：What do you think of Danny?

S1：He is naughty.

T：How do you know it?

S1：He says："Hey！Li Mei！Come here！"

T：What do you think of Danny?

S2：He is helpful.

T：How do you know it?

S2：He says："Please take my seat，grandpa."

T：What about you？What do you think of Danny?

S3：He is polite. He says："Oh，I'm sorry."

T：How about you？What do you think of Danny?

S4：He is kind. He says："Take this seat，Li Mei."

王老师通过问题"What do you think of Danny？"和"How do you know it？"来引导学生关注语篇留白，自主发现语篇中的重要信息及他们之间的关系，帮助学生提取信息、整合信息，发展学生的分析、评价等高阶思维能力。同时，也鼓励学生对公交车上的文明行为进行评价，将语言传授、能力培养与价值塑造进行有机融合，使学生对主题意义的探究更真实、切合。

3. 设置层次性任务，使主题意义探究更深入

教师设计的主题意义探究活动要兼顾学习理解类、应用实践类、迁移创新类三个层次。本课围绕 Bus Rules，基于文本解读，王老师将活动任务设计为三个层次：第一层次的任务是复现交通规则和车站等车时的文明行为，了解公交车上的规则，并与真实生活相连接，理解规则是什么，该怎样做；第二层次的任务是续编（make an ending），以及对语篇三个片段进行表演，学生结合生活经验，整合创新续编，在表演的过程中，体会遵守规则的重要性；第三层次的任务是给学生提供不同的公共场所，如cinema/ library/ museum/ hospital/ classroom等。学生自由选择地点，用报告或者表演的形式，来拓展延伸文本情境，融合生活经验和课堂内容，整合介绍不同的规则，凸显语用价值，使主题意义的探究更进一层。

三、多元评价，升华主题意义

《课程标准》指出：教师要准确把握教、学、评在育人过程中的不同功能，树立"教—学—评"的整体育人观念。在实施教学和评价的过程中，教师要通过观察、提问、追问，以及合理、科学的测试等方式，来收集学生学习是否真正发生的证据，包括理解了什么、能表达什么、会做什么，以及是否树立了正确的价值观等。

《课程标准》指出：教学评价应贯穿英语课程教与学的全过程，包括课堂评价、作业评价、单元评价和期末评价等。教师要充分发挥评价的作用，明确评价应遵循的原则，基于评价目标选择评价内容和评价方式，将评价结果应用到进一步改进教学和提高学生学习成效上，落实"教—学—评"一体化。

下面将依据王老师讲授的课例，重点介绍笔者在课堂评价和作业评价中的做法。

《课程标准》对课堂评价做了以下说明：课堂评价主要是指对学生课堂学习行为、学习方式和学习表现进行的评价。教师应根据学生回答问题、小组讨论、综述观点、自评互评、随堂检测等环节的具体表现，以口头、书面和肢体语言等反馈方式和量表等评价工具，来评价学生对课堂任务的兴趣和投入程度、对任务的适应和完成程度、在解决问题过程中的能力和情感发展水平等，给予学生有针对性的鼓励、指导或建议。

在本课例的学习理解环节中，探究规则"Don't shout，please."时，学生可以借助图片和录音，理解这句话的意思及内涵，教师提问："What does Danny answer？Danny says in a low voice. Is he polite？"教师根据学生的回答，适时地用赞赏的眼神和语气进行评价："Well done！"教师继续追问："Can you copy him？"当学生模拟Danny 说话时，教师再次适时地进行评价："Great！"教师继续追问："What does Danny say to Li Mei？What do you think of Danny？"当学生回答"He's helpful. He's polite．"时，教师用"Wonderful！You are smart！"予以鼓励和赞扬。教师再继续引导："What will Li Mei say？Is Li Mei polite？How do you know it？It's magic word. Do you often say thank you？"当得到学生肯定的回答时，教师鼓励、赞扬道："You are polite./ You have good behaviour./ Thank you."

在迁移创新环节，教师提问："What do you think of Danny？"并追问："How do you know it？"学生对Danny的行为进行评价，在语篇中找出对应的句子，用模拟Danny的语气和情绪的方式，来说明评价的原因。教师根据学生回答问题的创新性、独立性和灵活性，评价道："A good answer./ I think so. That's right./ You are so clever."

在课堂小结环节，教师提问："What do you think of yourself？"引导学生进行自我评价。教师根据学生的自我评价，来引导、评价学生的学习效果："You have good behaviour./ You are helpful./ You are active./ You are kind. /Try your best！/Have a try！"

《课程标准》对作业评价做了以下说明：作业评价是教学过程的重要组成部分。教师应深入理解作业评价的育人功能，坚持能力为重、素养导向。教师应创设真实的学习情境，建立课堂所学与学生生活的关联，设计复习巩固类、拓展延伸类和综合实践类等多种类型的作业，如朗读、角色扮演、复述、书面表达、故事创编、调研采访、海报制作、戏剧表演、课外阅读等。引导学生在完成作业的过程中，提升语言和思维能力，发挥学习潜能，促进自主学习。

以王老师执教的这节课为例，针对第一课时"Let's stop and wait."的作业"Listen and repeat the rules on the street."，王老师在开始的复习导入环节中给予了反馈和评价。先是用一首chant来复习交通规则，评价道："You know the traffic rules very well."并提问："Does Danny know the traffic rules well?"接着运用图片和语言支架进行复习，并用语言和手势进行评价"You have a good memory."，并竖起大拇指表示赞扬，这是对上节课布置的必选作业的评价。

本节课，王老师设计了必做和选做两类作业。必做作业中"Listen, repeat and act out the rules on the bus."属于复习巩固类作业；"Write out rules about some place."属于拓展延伸类作业。而选做作业中的"Make a mini book/ mind map/poster about rules."则属于综合实践类作业。

针对本课作业的评价形式，在第二节课开始，可进行综合实践类作业的展示。作业内容为手抄报、思维导图和海报，图文并茂地展示不同公共场所的文明行为。学生还自编、自导、自演了课本剧，并拍摄成视频，场景模拟在公交车上、在图书馆、在街道上等不同的地点。学生把书本上的语言知识迁移应用到了模拟的生活场景中，用表演的形式来展示不同公共场所的规则。将所学应用于实际生活中，升华了主题意义，实现了语用价值，促进了良好行为规范的养成。

学无止境，随着课题研究的深入开展，新的研究问题也随之诞生。在新问题的驱动之下，教师应依据《课程标准》，立足课堂，在单元整体教学中研读语篇，整合语篇内容，建构语篇结构，挖掘语篇背后隐藏的育人元素，落实内容与育人目标的融合，实现立德树人的根本目的。

第三节　基于主题意义探究的小学英语单元整体教学设计

一、教学主张

基于主题意义探究的小学英语单元整体教学设计，需要确立单元主题，整体建构单元学习框架，提炼主题意义；对单元内容进行必要的整合或重组，有序构建目标体系，融入主题意义，使学生逐步建构起对单元主题的完整认知，促进正确态度的形成和价值观的树立；基于英语学习活动观，通过开展理解类活动、应用实践类活动、迁移创新类活动，在层级活动任务中，实现学思结合、学用结合、学创结合，落实主题意义；树立"教—学—评"的整体育人观念，创新多元评价方式，深化主题意义，逐步形成对单元核心议题的深层认知、正确的态度和行为取向，以有效地促进核心素养落地。

（一）什么是主题

主题的定义请见第二节。

主题基于话题，又超越话题，需要教师提炼出文本蕴含的文化内涵和育人价值。

（二）什么是主题意义

文本的主题意义就是作品的中心思想，可能贯穿文本始终，可能在文本中反复呈现，也可能是文本各个部分的共同表达。文本中作者预设的主题意义，是作者通过文本传递给读者的核心观念（central ideas）或者主要信息（main message）。语言学习应围绕主题意义来建立内容要素之间的有机关联。教师需要围绕单元主题，提炼语篇背后的深层育人价值，通过反复琢磨语篇的"课眼"，对单元内各语篇间存在的隐性关联进行深入剖析，在主题与内容之间建起显性关联，体现教学的整体性。

（三）什么是单元整体教学

《课程标准》在课程理念中提到以主题为引领来选择和组织课程内容，英语课程内容的选取遵循培根铸魂、启智增慧的原则，紧密联系现实生活，体现时代特征，反映社会新发展、科技新成果，聚焦人与自我、人与社会和人与自然三大主题范畴。内容的组织以主题为引领，以不同类型的语篇为依托，融入语言知识、文化知识、语言技能和学习策略等学习要求，以单元的形式呈现出来。《课程标准》在课程实施的教学建议中也提到要加强单元教学的整体性，推动实施单元整体教学。

（四）什么是基于主题意义探究的小学英语单元整体教学

基于主题意义探究的小学英语单元整体教学是指基于《课程标准》的要求、单元教材内容及学生的学习需求确立单元主题意义；在主题的统领下，凝练单元语篇中的小主题，构建具有逻辑关联的主题群，形成单元内容结构；遵循英语学习活动观和教学评价一致等学科课程实施原则，形成一系列主题、目标、活动和评价自洽的单元课时，引导学生在系列语篇学习中持续探究主题意义，建立小主题及其之间的逻辑关联，最终形成对单元大主题的深层认知、态度和行为取向，以落实英语学科核心素养。单元主题意义探究为单元整体教学注入了学科育人的灵魂。

因此，可以看出，主题意义的探究是本次课程知识内容选择和组织的一个重大突破点和亮点，指向核心素养的教学倡导基于主题意义探究的单元整体教学，只有当教师站在主题和单元的学科高度去思考时，才能真正实现学科育人的目标。

二、教学实践

下面将以鲁科版教材五年级上册Unit 6 Spring Festival为例，阐释如何基于主题意义探究来设计单元整体教学。

（一）整体建构学习框架，提炼主题意义

基于主题意义探究的单元整体教学要求学生对单元主题形成深层认知，即要求"将碎片化的知识整合、相互关联，形成良好的、完整的认知结构，并随着学习不断重组和完善这个认知结构"。教师要深入分析教材单元内容，依据单元设计思路和单元主题调整来选择单元语篇，并梳理各语篇的内容、结构、意义和价值，概括和提炼其中的小主题并将其进行有机关联，构建起结构严谨、逻辑清晰、意义丰富的单元内容框架，使单元学习内容结构化、系统化，帮助学生形成深层认知和正确的态度及行为取向。

《课程标准》对主题的学习范围和学习要求做了以下描述：主题包括人与自我、人与社会、人与自然三大范畴。五年级上册Unit 6 Spring Festival属于"人与社会"范畴下的"历史、社会与文化"主题群。本单元的内容围绕Spring Festival这一主题展开，涉及四个语篇，包括两组对话和两个配图故事。主要学习描述春节的习俗，交流自己和他人的春节活动和春节计划，传播中华文化，坚定文化自信。教师对本单元各板块的语篇内容进行了梳理整合和重组。

语篇一是小学生日常生活对话。Li Ming对Jenny讲述春节的时间及节日习俗。该语篇旨在让学生了解春节的习俗及其由来，感受春节意趣。

语篇二也是小学生日常生活对话。Li Ming和Danny对好朋友Jenny讲述去年祖父母到Li Ming家过春节的情景。该语篇旨在通过回忆春节的多彩经历，来引导学生热爱传统文化、体验节日温暖。

语篇三是配图短文。临近春节，Jenny和Danny跟着Li Ming来到了乡下的祖父母家过年，他们对即将到来的春节充满期待。该语篇旨在通过呈现不同地域

的春节文化的多样性，来引导学生加深对中华文化的理解和认同，坚定文化自信。

语篇四也是配图故事。教材所提供的内容结构为 "Part 1 Let's listen. Part 2 Listen and repeat. Part 3 Let's read. Part 4 Fun time. Try yourself." 小故事。结合单元教材结构和单元主题意义，教学过程中对本课时教材内容予以调整和补充，将第四课时的内容替换为与教材融合的丽声北极星分级绘本（山东五·四学制版）*The Tidy-up Race*。故事讲述了临近春节，中国小朋友Feng和他的笔友Duncan互通电子邮件，俩人约定要举办一次春节大扫除比赛，Feng将家里收拾干净后，和自己的家人一起装饰房间，庆祝春节。该语篇旨在提升学生的跨文化交际能力，传播中国的节日文化，树立文化认同感，坚定文化自信。

（二）有序构建目标体系，融入主题意义

在解析了单元各板块间的关联、明确单元主题意义和单课主题后，教师需要构建由单元教学目标和课时教学目标组成的目标体系，使学生逐步建构起对单元主题的完整认知，促进正确态度的形成和价值观的树立。各层级目标要把预期的核心素养的综合表现融入其中，体现层级间的逻辑联系，做到可操作、可观测、可评价。同时，目标的制定也要依据学情分析，分析学生的认知水平、语言水平和发展需求，尊重语言习得的规律。

1. 基于主题语境，梳理单元内容

为了达成单元的整合学习，"教师需要解读单元之间各部分主要内容、语言表达、文本内涵、板块功能等方面的关联"。

从语言结构上来看，本单元的核心语言结构是用一般现在时、一般过去时和一般将来时来询问、描述春节习俗、回忆春节情景、谈论春节计划。学生在四年级上册开始接触一般现在时；在四年级下册深入交流对周末活动的安排和询问在将来的某个时间要做的事情；在五年级上册学习一般过去时，这些学习内容都是本单元语言学习的基础。

从文本内容上来看，本单元要谈论的主题内容为Spring Festival，三、四、五年级教材中的很多文本内容都为Spring Festival的学习做了层层铺垫。如：三年级下册Unit 1 Food and Drinks和四年级下册Unit 3 Restaurant以滚动复现、螺旋递进的方式学习了食物的相关词汇，为春节饮食文化的学习做了语言内容的铺垫；四年级下册Unit 2 Housework学习了家务劳动的相关词汇，这为春节前大扫除习俗的学习做了语言知识的铺垫；四年级下册Unit 4 Weekend和Unit 6 Travel学习了周末有意义的活动及假期旅行的相关内容，为春节期间的休闲活动提供了语言支撑；五年级上册Unit 3 Birthday学习了生日的庆祝活动的相关内容，以及情感的表达方式，这为春节的习俗活动和情感表达做了语言知识的铺垫。

就学生的认知特点而言，五年级学生初步具备了用英语做事的能力。学生对春节的文化背景、文化知识有了一定的了解，但受词汇量的限制，用英语来描述春节的相关内容是学生学习的难点。学生具备了一定的自主学习和合作学习的能力，能利用书籍、网络等方式来搜集春节的相关图片和视频资料，并乐于与同学分享学习资源，合作完成学习任务。就生活经验而言，学生对春节的习俗活动的了解足够丰富，但多数仅停留在热闹、喜庆的层面，很少有人透过这些春节习俗去思考、领会中华文化的内涵。系统地介绍、交流春节习俗，感受春节意趣，体验春节之爱，传播中华文化，是学习的重点。

2. 聚焦主题意义，确定单元目标

就英语课程而言，育人目标既渗透在英语课程要培养的核心素养之中，又渗透在课程内容以及日常的课堂教学过程之中。育人目标集中表现在政治思想、道德品格、国际理解、审美情趣等方面。

本单元中，围绕Spring Festival这一单元主题，对单元内的各语篇进行了深入的研读与分析，挖掘出语篇蕴含的育人价值，在主题意义和语篇内容之间建立关联，整合单元各板块的学习内容。（见图2-1 Spring Festival单元主题内容框架图）

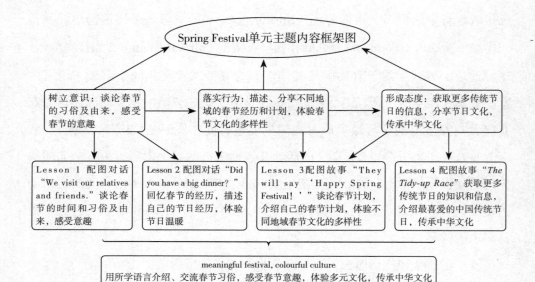

图2-1　Spring Festival单元主题内容框架图

学完本单元后，学生能够：

（1）联系实际，与同伴谈论春节的日期和习俗，感受春节传统习俗的意趣。

（2）结合自身经历，运用所学语言，描述春节经历，探讨春节的新旧习俗，体验节日温暖。

（3）联系实际生活，运用所学语言，能与同伴或家人分享、交流自己的春节计划，体验春节文化的多样性。

（4）通过阅读、交流、实践体验等系列活动，获取更多传统节日的知识和信息，介绍最喜爱的中国传统节日，传承中华文化，增强文化自信。

3. 深入研读语篇，确定课时目标

教师在研读语篇时要重点回答三个基本问题：第一，语篇的主题和内容是什么，即What的问题；第二，语篇传递的意义是什么，即Why的问题；第三，语篇具有什么样的文体特征、内容结构和语言特点，如果语篇配有图片或表格，其传递何种意义或具有何种功能，即How的问题。

以下将从What、Why、How三个维度对"Unit 6 Spring Festival Lesson 3 They will say'Happy Spring Festival！'"进行语篇解读。

What：本课语篇为Jenny和Danny的春节计划，Jenny和Danny跟着Li Ming来到了乡下的祖父母家过年，语篇内容围绕"what they will do this Spring Festival."展开。教学过程中对本课时的教材内容进行了适当的调整，将Lesson 4的小故事提前，这部分内容的提前，帮助了学生了解外国人对中国春节的感受。

Why：作者通过描述Jenny、Danny和Li Ming今年将一起过春节的场景，来引导学生进一步了解春节的习俗，体会其中的春节文化，感受人民对生活的美好祝愿，争做文化小使者，增强文化自信。

How：本课语篇是配图短文，涉及介绍小学生春节所做事情的词汇，描述春节计划使用的核心语言：They will...，在描述春节计划时，用了一般将来时。文本旨在让学生进一步了解春节期间的习俗，体会人民对美好生活的祝愿，坚定文化自信。通过对语篇的研读，确定本课的教学目标。

通过对本课时的学习，学生能够：

（1）在看、听、说、猜的活动中，获取、梳理、概括、整合文本中的春节计划，理解有关春节文化的内涵。（学习理解）

（2）在真实情境和语言支架的支持下，制作思维导图，建构结构化知识，复述课文中的春节计划。（应用实践）

（3）基于结构化知识，小组内的成员自主制订并分享春节计划。争做文化小使者，基于结构化知识对传统节日进行描述和阐释，树立文化自信，进行语言输出和观点分享。（迁移创新）

（三）分层实施学习活动，落实主题意义

教师要以单元教学目标为统领，组织各语篇的教学内容，规划系列教学活动，引导学生在学习过程中逐步建构对单元主题的认知，发展能力，形成素养。同时，教师也要以主题为引领、以语篇为依托，通过开展学习理解、应用实践和迁移创新等活动，引导学生整合性地学习语言知识和文化知识，进而运用所学知识、技能和策略，围绕主题来表达个人观点和态度，解决真实问题，达到在单元整体教学中提升学生核心素养的目的。

1. 在学习理解类活动中做到学思结合

学习理解类活动是英语学习活动观的第一层次，包括感知与注意、获取与梳理、概括与整合等学习活动。教师在设计此类活动时，可围绕主题来创设情境，激活学生已有知识和经验，铺垫必要的语言和文化知识背景，引出要解决的问题。本课教学中设计了大量的学习理解类活动，这个阶段的活动是培养学生逻辑思维的基础和手段。具体做法如下。

（1）感知与注意：情境创设关联递进，感知故事背景。

教师播放春节节日视频，学生观看后根据图片猜测："What festival is it？"初步感知中国传统节日：端午节、中秋节、元宵节、春节。教师趁机出示本节课的活动任务：争做文化小使者。学生猜测后，教师提问："What do you know about the Spring Festival？"教师用知识框架When、What we do、What we say来引领学生思考，并进行旧知识的复习。

（2）获取与梳理：问题设计逻辑化，建构知识结构。

获取与梳理的学习理解类活动是指帮助学生理解文本的活动，也是学生建构新知识结构的主要环节。

① 教师出示第一课和第二课的情景图，概括文本主要内容："What they usually do at the Spring Festival. What they did last Spring Festival."学生通过前两课的引导，猜测第三课的主要内容："What they will do this Spring Festival."激发学生兴趣，教师提问："What do you want to know about the Spring Festival？"出示包含有When、Where、Who、How、What的思维导图，让学生根据提示，自主提问想要了解的今年春节的内容，调动学生的思维，在梳理文本脉络的同时，激发学生的阅读欲望。

② 通过思维导图的引领，依次解决学生自主提出的问题。如："Where are they？/ Who will they have the Spring Festival with？/ How do they feel？"。

③ 观看动画，解决思维导图中What 的问题。教师提问："What will they do on the eve of the Spring Festival？What will they do early the next morning？"

描述在不同时间段内人们做的事情。

2. 在应用实践类活动中做到学用结合

应用实践类活动是英语学习活动观的第二层次，包括描述与阐释、分析与判断、内化与应用等学习活动。学生在学习理解类活动的层次上建构新的结构化知识之后，需要通过大量的语言实践，促进语言运用的自动化。

（1）描述与阐释：复述故事内容，内化所学语言。

教师在教学中采用复述语篇的方式来落实描述与阐释的活动。为了帮助学生明晰故事发展，教师设计了Ask and Answer活动，通过师生问答和交流来复现语篇的主要内容，又设计了Look and Say活动，让学生根据板书的关键词完成对语篇内容的复述。

这两项活动都是基于语篇内容，让学生进行复述的。其中，逐渐完善的板书起到了梳理语篇结构、训练学生语言表达、帮助学生内化所学语言知识的作用。

（2）内化与运用：注意分层体验，强化语言表达。

当学生获得新知并能够将其内化时，就既掌握了语言知识，又能运用所学语言。教师根据不同学生的学习水平，设计了朗读、表演、复述的个人或小组合作的分层活动。既让学生巩固了语言，加深了对语篇的理解，又让不同层次的学生都有了表达的机会，提升了语言表达能力。

3. 在迁移创新类活动中做到学创结合

迁移创新类活动是英语学习活动观的第三层次，包括推理与论证、批判与评价、想象与创造等学习活动。迁移创新类活动是学生在完成应用实践类活动的基础上进行知识的迁移，能够运用所学知识来解决新情境下的新问题，使能力向素养转化。

教师设计了"争做文化小使者"的任务，呼吁学生积极地行动起来，制订春节计划，宣传传统节日习俗和文化，利用思维导图的语言支架，以及提炼的写作方法，进行仿写的训练。结合所学语篇结构创建新的语篇，如介绍其他的中国传统节日，将课内知识有效延伸到实际生活中，提升多层次的思维能力，实现深度学习。

（四）创新多元评价方式，深化主题意义

教学评价应贯穿英语课程教与学的全过程，包括课堂评价、作业评价、单元评价和期末评价等。教师要充分理解评价的作用，明确评价应遵循的原则，基于评价目标来选择评价内容和评价方式，将评价结果应用到进一步改进教学和提高学生学习成效上，落实"教—学—评"一体化。

本单元的教学评价具有多元化、创新性。具体做法如下。

（1）在课堂评价中，教师根据学生回答问题、小组讨论、合作交流等环节的具体表现，以口头、书面和肢体语言等反馈方式和量表等评价工具，给予学生有针对性的鼓励、指导或建议。比如第三课时中使用的评价量表，从思维导图、仿写练笔、交流展示、小组合作四个方面，给出了三个不同层级的评价标准，从自评、互评、师评三个角度进行评价。再如教师根据学生的回答，适时地用肢体语言：采用竖大拇指点赞的方式或用赞赏的眼神和语气进行评价；教师还用提问的方式来引导学生进行自我评价，比如询问："What do you think of yourself？"教师根据学生的自我评价，引导评价学生的学习效果。（见表2-1）

表2-1 "文化小使者"评价量表

评价项目	评价内容			评价记录		
	优秀 ★★★	良好 ★★	一般 ★	自评	互评	师评
思维导图	1.使用丰富的词汇和恰当的句型完成导图的填写。 2.能从导图中清晰地看到所要介绍的传统节日的完整信息	1.使用较为丰富的词汇和恰当的句型完成导图的填写。 2.能从导图中看到所要介绍的传统节日的基本信息	1.基础内容框架比较完整。 2.导图中所要介绍的传统节日的基本信息比较简单	☆☆☆	☆☆☆	☆☆☆

续 表

评价项目	评价内容			评价记录		
	优秀 ★★★	良好 ★★	一般 ★	自评	互评	师评
仿写练笔	1.能用至少8句话进行介绍，至少介绍5项内容："去哪？什么时候？和谁？做什么？感受怎样？" 2.内容丰富、完整，介绍有逻辑	1.能用至少6句话进行介绍，至少介绍3项内容："去哪？做什么？感受怎样？" 2.内容丰富、完整，介绍有逻辑	1.能用4—5句话进行介绍，至少介绍2项内容："去哪？做什么？" 2.内容介绍比较简单	☆☆☆	☆☆☆	☆☆☆
交流展示	1.语音、语调、时态正确，能准确、灵活地运用本单元的语言知识点如："What do you usually do at …We usually…"等进行表达。 2. 情绪饱满，有感染力，与他人经常有眼神交流，肢体语言丰富、自然，完全脱稿	1.语音、语调正确，能正确运用"What do you usually do at…We usually…/The family get together"等进行表达，基本表达清楚。 2.偶尔注意到与他人的沟通与交流，偶尔有眼神交流，有一些肢体语言，半脱稿	1.语音、语调正确，能简单地运用"What do you usually do at…We usually…/The family get together"等进行表达，但有个别错误。 2.与他人的沟通比较简单，肢体及语言交流比较少，做不到半脱稿	☆☆☆	☆☆☆	☆☆☆
小组合作	能与同学积极地沟通，善于合作，积极地参与制作思维导图、仿写练笔和表演等活动，认真书写，用心倾听	能与同学沟通，能合作完成任务，参与交流，认真地倾听他人发言	能与同学沟通，合作完成任务，但交流、展示比较简单	☆☆☆	☆☆☆	☆☆☆
总计	_____ ☆					

（2）在作业评价中，教师创设了真实的学习情境，建立了课堂所学知识与学生生活的关联，设计了基础巩固类、实践应用类和拓展迁移类等多种类型的作业，如朗读、角色扮演、复述、仿写、制作海报、绘制思维导图、视频拍摄、英语配音等不同形式。采用多模态的手段、平台和空间，传播中国文化，坚定文化自信。

基于以上探索，归纳、提炼出基于主题意义探究的小学英语单元整体教学设计策略。（见图2-2）

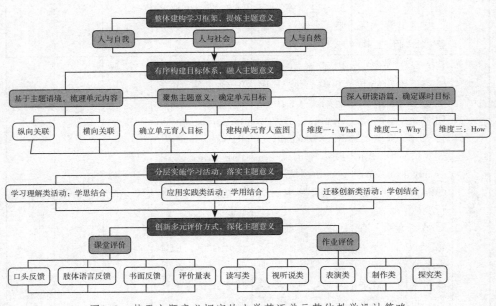

图2-2　基于主题意义探究的小学英语单元整体教学设计策略

三、教学特色

基于主题意义探究的小学英语单元整体教学设计强调单元主题的育人价值，关注单元学习内容的结构化和系统化，要求教师基于英语学习活动观和"教—学—评"一体化原则设计和实施单元学习活动，使学生在探究主题意义的过程中对单元核心议题形成深层认知、正确的态度和行为取向，为落实小学英语教学核心素养提供了科学的设计思路。

（一）整体建构学习框架，提炼主题意义

主题意义探究下的小学英语单元整体教学是基于单元教材内容、课程标准的要求以及学生的学习需求确定单元主题、提炼主题意义的。在主题的统领下，对单元内容进行必要的整合或重组，纵横建立教材各册之间、单元与单元之间、单元内各语篇内容之间以及语篇育人功能之间的联系，形成单元主题内容框架图，引导基于对主题意义的探究，树立意识、落实行为、形成态度。

如五年级上册Unit 6 围绕Spring Festival这一话题，呈现了春节的传统习俗及由来、交流不同地域的春节习俗以及如何宣传春节文化，感受文化的多元性。

在分析单元内在关联的基础上，提炼出本单元的主题意义为Meaningful Spring Festival，以此为教学主线贯穿整个单元教学，并对各课时的板块进行了调整。首先，四个课时的话题依次设定为：春节习俗、春节经历、春节计划和传播节日文化。前三个话题是对单元话题Spring Festival的具体诠释，第四个话题是丽声北极星分级绘本五年级上册*The Tidy-up Race*，也是对主教材的延伸和拓展。这些话题既相对独立，又紧密关联、有效衔接。其次，教师从学科育人视角和学生的认知水平出发，提炼出单元主题意义、分课时主题意义，使各课时内容更为清晰、更有逻辑性，解决教学内容碎片化问题，建构整体学习框架，实现单元育人目标：运用所学语言介绍、交流春节习俗，感受春节意趣，体验多元文化，传承中华文化。

（二）有序构建目标体系，融入主题意义

构建由单元教学目标和课时教学目标组成的目标体系，使学生逐步建构起对单元主题的完整认知，促进正确态度的形成和价值观的树立。

如五年级上册Unit 6 Spring Festival单元教学目标按照"谈论春节风俗，感受春节意趣""描述不同地域的春节经历和计划，感受多彩春节""分享自己的春节经历和计划，体验春节文化的多样性""传播更多的传统文化，增强文化自信"的体系，帮助学生逐步建构起对单元主题的完整认知。在分课时目标的制定上，体现了核心素养螺旋上升的过程。

（1）对语言知识的处理：学生经历了从初步感知、对比体验、理解运用到准确运用的过程，体现语言知识的不断进阶。

（2）针对话题表达的维度：教师引导学生从表演或复述春节风俗、春节经历、春节计划，到海报的制作、计划的制订、仿写的创作，达成由听、说、读向写过渡的目的，体现语言技能的有序进阶。

（3）针对活动任务的统领：教师引导学生从展示春节传统习俗，到交流自己的春节经历或计划，再到争做文化小使者，传播更多的传统节日文化，帮助学生理解、体验、传播传统文化，坚定文化自信。

（三）分层实施学习活动，落实主题意义

单元内各课时的活动任务利用课堂上生成的语言结构框架，如思维导图和语言支架，采取小组合作的形式，在班级内展示、交流。任务的设置关系到篇章之间的前后联系、层级关联，任务之间连贯一致、层层递进，学生在螺旋式递进的语言结构中，循序渐进地达成学习目标，发展语用能力。如五年级上册Unit 6 Spring Festival第一课时：制作春节文化海报，展示、交流自己在春节期间的活动；第二课时：制作My Super Spring Festival小报，展示、交流自己的春节经历；第三课时：制订、交流春节计划并展示；第四课时：制订更多传统节日的有意义的庆祝计划，并展示、交流。任务的设置，关注到一般现在时、一般过去时、一般将来时三种时态，聚焦学生的实际生活，从春节习俗拓展到更多的中国传统节日习俗，传播多彩节日文化，坚定文化自信。

整体单元活动任务的设置，从整体感知到整合输出，由表及里、步步深入，这四个课时从书本到生活、从自我到他人，有关联、有层次地帮助学生理解、体验、传播传统文化。并在这一主题意义的引领下，指导学生学思结合，梳理、建立知识之间的联系；学用结合，内化、构建新知识体系；学创结合，联系实际，运用所学知识来解决现实生活中的问题，树立家国情怀。

在微观层面上，一节课的具体活动设计也体现了三个层次的活动链，引导学生围绕主题学习语言、获取新知、探究意义、解决问题，通过学习理解类活动、应用实践类活动、迁移创新类活动，在层级活动任务中，实现学思结合、学用结合、学创结合，逐步从基于语篇的学习走向深入语篇和超越语篇的学

习，落实主题意义。

（四）创新多元评价方式，深化主题意义

在课堂评价中，教师根据学生回答问题、小组讨论、合作交流等环节的具体表现，以口头、书面和肢体语言等反馈方式和量表等评价工具，给予学生有针对性的鼓励、指导或建议。设计评价量表时，从思维导图、仿写练笔、交流展示、小组合作四个方面，给出了三个不同层级的评价标准，从自评、互评、师评三个角度进行评价。教师还可以用提问的方式来引导学生进行自我评价，比如询问："What do you think of yourself？"教师根据学生的自我评价，引导评价学生的学习效果等。

在作业评价中，教师创设了真实的学习情境，建立了课堂所学知识与学生生活的关联，设计了基础巩固类、实践应用类和拓展迁移类等多种类型的作业，如朗读、角色扮演、复述、仿写、制作海报、绘制思维导图、视频拍摄、英语配音等不同形式。采用多模态的手段、平台和空间，引导学生在完成作业的过程中，提升语言和思维能力，发挥学习潜能，促进自主学习。

第四节　Spring Festival大单元整体教学设计

一、单元整体概览

单元整体概览见表2-2。

表2-2　单元整体概览

类别	内　容
单元标题	Unit 6 Spring Festival
主题	人与自我□　人与社会☑　人与自然□
单元主题	Spring Festival Culture
单元子主题	常见节假日，文化体验；世界上主要国家的传统节日，文化体验；文明礼貌，孝亲敬长
育人价值	运用所学语言介绍、交流春节的习俗和内涵，感受春节意趣，体验春节文化的多样性，传承中华文明，坚定文化自信

（一）课标分析

1. 通过学习本单元，学生需达到的核心素养学段目标

（1）语言能力目标：能够听懂春节对话，读懂与春节相关的课外语篇，获取具体信息，理解主要内容；能够结合重点句型，灵活地问答有关春节的问题，询问并回答春节的习俗，理解其隐含的寓意，做到语言达意；能够学习、理解春节活动的相关词汇，并能借助图片、视频等方式，围绕春节主题，运用所学语言描述春节的习俗，交流自己和他人的春节活动，并表达对春节的情感；能够与他人进行简单的交流，学以致用，表演教材语篇或相关绘本，语音、语调基本正确。

（2）文化意识目标：能够在教师的引导下，围绕本单元主题，通过图片、视频、短文等语言材料，系统地了解与春节相关的传统文化元素，加深对中华文化的理解；通过不同的语言材料，感知与体验春节文化的多样性；了解春节的节日历史和蕴含的文化意义，传播中华文化，坚定文化自信。

（3）思维品质目标：能够在教师的引导和启发下，完成阅读任务，有效地提取语篇中的相关信息，并借助思维导图等学习支架梳理信息；通过观察、比较，识别语篇所传达的春节相关信息，能识别、提炼、概括语篇的关键信息、主要内容、主题意义和观点；能够围绕更多的中国传统节日有条理地表达自己的观点。

（4）学习能力目标：对英语学习有较浓厚的兴趣和自信心；能积极地参与课堂活动，注意倾听，大胆尝试运用英语进行交流；通过参与阅读活动，能够掌握自我提问、结构分析、概括、联结等阅读策略；能主动利用书籍、网络等方式来搜集学习资料，并运用已有知识积累和生活经验完成新的学习任务；对学习过程和效果进行自我评价和反思。

（5）学段目标：能领悟、理解、读懂春节主题的语篇，获取春节的具体信息，理解春节的习俗及寓意；能围绕春节的话题，运用所学语言，与他人进行简单的交流，表演或复述语篇故事；能在教师的引导下，围绕图片支架或思维导图，进行仿写，语言准确、意思连贯；能在教师的引导下，通过故事、介绍、对话、视频等方法，获取中国传统节日的简单信息，将不同的传统节日进行初步的比较，感知与体验文化多样性；能用简短的句子来描述不同的中国传统节日，加深对中华文化的理解和认同，发现和感悟传统文化中蕴含的人生哲理，体现爱国主义情怀和文化自信。

2. 本单元相应课程内容六个要素的学习范围和学习要求

（1）主题内容要求："人与社会"范畴下的"历史、社会与文化"。

（2）语篇内容要求：本单元内容围绕Spring Festival这一主题展开，涉及四个语篇，包括两组对话和两个配图故事，主要学习描述春节的习俗，交流自己和他人的春节活动，传播中华文化，坚定文化自信。

（3）语言知识内容要求：语音知识方面，借助拼读规则拼读单词，使用正确的语音、语调朗读学过的对话和短文；词汇知识方面，根据单词的音、形、义学习词汇，同时也要体会词汇在语境中表达的意思，并在运用中逐步积累词汇，在特定语境中，运用所学春节词汇来描述春节的习俗；语法知识方面，本单元采用一般现在时、一般过去时和一般将来时来描述春节习俗、春节经历和春节计划；语篇知识方面，从对话、配图故事等不同语篇中学习春节的主要知识；语用知识方面，在具体语境中，运用所学语言，来描述自己或他人的春节经历和计划，得体地表达自己的情感、态度和观点。

（4）文化知识内容要求：了解中国的重要传统节日——春节的名称、时间、庆祝方式及其意涵；感知与体验传统节日文化的多样性；感知与体验传统文化中蕴含的人生哲理，传播中华文化，坚定文化自信。

（5）语言技能内容要求：理解性技能方面，借助图片、图像等方式，理解常见主题的语篇，提取、梳理、归纳主要信息；表达性技能方面，围绕Spring Festival相关主题，运用所学的日常用语与他人进行简单的交流，表达个人的情感、态度和观点，在教师的帮助下表演课文或绘本。

（6）学习策略内容要求：元认知策略方面，根据需求进行预习，主动复习和归纳春节的相关内容，对学习过程和效果进行自我评价和反思，遇到问题主动请教；认知策略方面，借助图片、视频等方式描述、归纳、整理所学内容，借助自然拼读规则拼读生词；交际策略方面，在口语交际环节，借助非语言信息线索理解他人表达的春节信息；情感管理策略方面，保持对英语学习的积极态度和自信心，主动参与各种学习和运用语言的实践活动，主动与同学开展合作，乐于与他人分享学习资源和策略方法。

3. 学生参考的学业质量标准

在听或看简单的音视频材料时，能获取有关人物、时间、地点、事件等基本信息；能通过语篇了解春节的生活习俗、饮食习惯、文化传统等信息，初步比较中国重要传统节日的文化异同；能流利地朗读课内所学语篇，做到发音清晰，语音、语调基本正确；能围绕Spring Festival相关主题与他人进行交流，表达自己的情感、态度和观点，基本达到交际的目的；在阅读与Spring Festival主题相关的语篇时，能梳理人物、场景、情节等信息，独立思考，描述自己及他人的春节习俗、春节经历以及春节计划；在进行春节习俗、春节经历、春节计划和My Favourite Festival小练笔时，能正确使用大小写字母、标点符号，单词拼写基本正确；愿意通过阅读等方式了解不同的中国传统节日文化现象，尝试从日期、饮食、庆祝方式、文化传统等不同角度进行对比分析；对英语学习有兴趣，主动参与课堂活动，与同伴一起围绕主题Spring Festival进行讨论，合作完成学习任务。

（二）学情分析

1. 知识基础

从语言结构上来看，本单元的核心语言结构是用一般现在时、一般过去时和一般将来时询问，描述春节习俗、回忆春节情景、谈论春节计划的。学生在四年级上册Unit 3 Days of the Week开始接触一般现在时，学习、交流在不同的时间段做不同的事情；在四年级下册Unit 4 Weekend 深入交流对周末活动的安排，核心句型是"What do you do...? I often..."；在四年级上册Unit 5 Weather开始学习一般将来时will 的用法；在四年级下册Unit 6 Travel深入询问、交流在将来的某个时间要做的事情；学生在五年级上册Unit 1 Teachers' Day开始接触一般过去时，在Unit 3 Birthday 和Unit 5 Sports 学习了一般过去时，核心句型是What did they/we... do...? They/We...，询问、交流在生日聚会上和足球比赛中做的事情，这些学习内容都是本单元语言学习的基础。本单元的语言结构多样，语言知识点比较多，谓语动词过去式在语境中的变换，是学生的易错知识点。

从文本内容上来看，本单元要谈论的主题内容为"Spring Festival"，教材三至五年级没有出现"Spring Festival"的具体内容，但是很多文本内容都为Spring Festival的学习做了层层铺垫。如三年级上册Unit 3 Family学习了家庭成员的词汇；三年级下册Unit 1 Food and Drinks和四年级下册Unit 3 Restaurant以滚动复现、螺旋递进的方式学习了食物的相关词汇，为春节饮食文化的学习做了语言内容的铺垫；四年级下册Unit 2 Housework学习了家务劳动的相关词汇，这为春节前大扫除习俗的学习做了语言知识的铺垫；四年级下册Unit 4 Weekend和

Unit 6 Travel 学习了周末有意义的活动及假期旅行的地点、出行方式和活动的相关内容，如visit grandparents/ go to the cinema/ go to the museum/ watch TV/ visit Dalian/ see the sunrise等，为春节期间的新型庆祝方式提供了语言支撑；五年级上册Unit 1 Teachers' Day 学习了教师节的日期，Unit 3 Birthday学习了月份的词汇，以及生日日期的表达方式，都为春节日期的学习打下了基础；五年级上册Unit 3 Birthday学习了生日的庆祝活动，以及情感的表达方式，这为春节的习俗活动和情感表达，做了语言知识的铺垫。

综上所述，学生要达到本单元的学习要求，在词汇方面，还需要掌握如February、January、relative、set off、firework、lucky money等与春节相关的词汇；在语法方面，还需加强对一般现在时、一般过去时、一般将来时的学习与练习；在内容方面，还需要对节日主题进行课外阅读的拓展，以加深学生对主题意义的理解与认识。

2. 认知（心理）特点

本单元是五年级上册第六单元，经过两年多的英语学习，学生有了一定的语言基础和具备了口头表达能力，他们思维活跃，善于与同学交流，乐于表现自己，总结归纳的能力也有所发展，初步具备了运用英语做事的能力。学生对春节的文化背景、文化知识有了一定的了解，但受词汇量的限制，运用英语来描述春节的相关内容是学生学习的难点。学生具备了一定的自主学习和合作学习的能力，能利用书籍、网络等方式来搜集春节的相关图片和视频资料，并乐于与同学分享学习资源，合作完成学习任务。

3. 生活经验

春节是我国最重要的传统节日之一，学生的生活体验足够丰富，对春节习俗活动也了解不少，但多数仅停留在热闹、喜庆的层面，很少有人通过这些春节习俗去思考、领会中华文化的内涵。系统地介绍交流春节习俗，感受春节意趣，体验春节之爱，传播中华文化，是学生学习的重点。

（三）教材分析

本单元内容围绕Spring Festival这一主题展开，涉及四个语篇，包括两组配图对话和两篇配图短文。

语篇一是小学生日常生活对话。Li Ming对Jenny讲述春节的时间及节日习俗，邀请Jenny今年跟自己一起去祖父母家过春节。该语篇旨在让学生了解春节的习俗及其由来，感受春节意趣。

语篇二也是小学生日常生活对话。Li Ming和Danny对好朋友Jenny讲述去年祖父母到Li Ming家过春节的情景，语篇中使用一般过去时的一般疑问句型，询问、描述了去年一家人在城里过春节的场景。该语篇旨在通过回忆春节的多彩经历，引导学生热爱传统文化、体验节日温暖。

语篇三是配图短文。临近春节，Jenny和Danny跟着Li Ming来到了乡下的祖父母家过年，他们对即将到来的春节充满期待，语篇用一般将来时态对春节的风俗活动进行了描述。该语篇旨在通过呈现不同地域的春节文化的多样性，引导学生加深对中华文化的理解和认同，坚定文化自信。

语篇四也是配图故事。教材所供内容结构为"Part 1 Let's listen."，通过听、说等活动形式来引导学生运用本单元所学的主要句型谈论、描述所给的图片。"Part 2 Listen and repeat."引导学生听、读、总结字母组合ng，wh，ar在单词中的拼读规律。"Part 3 Let's read."介绍伦敦女孩Mary在春节期间参观Chinatown的一些活动场景。"Part 4 Fun time."以图文结合的方式，按顺序呈现中国的十二生肖，Try yourself 小故事*Cat and Rat* 也是关于十二生肖的传说小故事。结合单元教材结构和单元主题意义，教学过程中对本课时教材内容予以调整和补充："Part 2 Listen and repeat."提前，"Part 1 Let's listen."置后；"Part 3 Let's read."提前到第三课时，Part 4 Fun Time和Try yourself 小故事*Cat and Rat* 提前到第二课时，将之替换为绘本*The Tidy-up Race*，更能凸显单元主题意义。*The Tidy-up Race*是与主教材融合的丽声北极星分级绘本（山东五·四学制版）中的绘本故事。故事讲述了临近春节，中国小朋友Feng和他的笔友Duncan互通电子邮件，Duncan询问Feng春节都要干什么，Feng回答要进行春节大扫除，俩人约定要举办一次春节大扫除比赛，谁第一个整理好房间并拍摄照片，即赢得比赛。Feng列出了要做的工作清单，将家里收拾干净之后，和自己的家人一起装饰房间，庆祝春节。该语篇旨在通过朋友之间的邮件往来，提升学生的跨文化交际能力，传播中国的节日文化，树立文化认同感，坚定文化自信。

以下为学生需要在本单元学习的核心语言知识和技能与策略（见表2-3）。

表2-3　单元核心语言知识和技能与策略

单元主题：Spring Festival			
语篇	核心词语	核心句型	技能与策略学习要点
1. We visit our relatives and friends	春节活动短语：clean our home, buy flowers and new clothes, get together, wear new clothes, visit our relatives and friends, eat *jiaozi*, set off fireworks	谈论春节时间和习俗：When is the Spring Festival? It's usually in... Sometimes it's in ... What do you usually do at the Spring Festival? Before the Spring Festival ... On the first day of the Spring Festival, ...	1.通过大声地跟读、模仿音视频材料，正确地朗读学过的对话、故事，理解词、句的具体含义及语法知识和使用场景。 2.在听和读的过程中，根据上下文线索和非文字信息，整体感知和推断语篇中词汇的意思，比如 "relatives" 的含义。 3.借助图片，获取、梳理、概括、整合春节的基本信息，形成结构化知识。 4.在真实情境中，运用本课所学单词和核心语句来描述自己或他人的春节活动。 5.在教师的指导下，进行简单的角色扮演或复述语篇
2. Did you have a big dinner?	春节活动短语：have a big dinner, eat at home, eat out, set off fireworks, watch TV, go to my grandparents' house in the country	询问、谈论去年过春节的经历：Did you...? Yes, we did. No, we didn't	1. 在听和读的过程中，根据上下文线索和非文字信息，整体感知和推断语篇中词汇的意思，比如 "have a big dinner" 的含义。 2. 通过跟读、模仿秀和分角色朗读表演，逐步理解对话的内容。 3.在语篇内容和个人春节经历之间，建立有意义的联系，能借助图表，描述自己的春节经历

单元主题：Spring Festival			
语篇	核心词语	核心句型	技能与策略学习要点
3.They will say "Happy Spring Festival！"	春节活动短语：get presents，get lucky money，eat *jiaozi* with the family，set off fireworks，welcome the new year，wear new clothes，visit our relatives，say "Happy Spring Festival"	描述春节期间的计划：They will	1.借助图片、思维导图等方式，根据需求进行预习，主动复习和归纳春节活动的相关词汇。2. 在情境中学习语篇的核心语言，从大意到细节逐步理解语篇内容。3. 借助图表、思维导图等工具，归纳、整理春节计划，并交流、分享自己的春节计划
4.*The Tidy-up Race*	春节活动短语：eve，the Spring Festival，relative，before，early，house，next，firework，lucky money，came	谈论春节的习俗活动：What do you usually do at the Spring Festival？Happy Spring Festival！	1.运用已有的语言积累和生活经验，谈论春节习俗及寓意，并交流自己的春节经历和计划。2. 保持对英语学习的积极态度和自信心，主动参与各种学习和运用语言的实践活动。3.主动与同学开展合作，乐于与他人分享学习资源和策略方法。4.围绕更多的中国传统节日进行简短的叙述，介绍自己喜爱的中国传统节日，做文化小使者，传播中华文化，坚定文化自信

Spring Festival单元主题内容框架图参见第二章第三节中的图2-1。

二、单元教学目标

单元教学目标见表2-4。

表2-4 单元教学目标

单元教学目标	语篇
学完本单元后，学生能够： 1.联系实际，与同伴谈论春节的日期和习俗，感受春节传统习俗的意趣	1.对话"We visit our relatives and friends."（1课时）
2.结合自身经历，运用所学语言，描述春节经历，探讨春节的新旧习俗，体验节日温暖	2.对话"Did you have a big dinner？"（1课时）
3.联系实际生活，运用所学语言，能与同伴或家人分享、交流自己的春节计划，体验春节文化的多样性	3.配图短文"They will say'Happy Spring Festival！'"（1课时）
4.通过参与阅读、交流、实践体验等系列活动，获取更多传统节日的知识和信息，介绍最喜爱的中国传统节日，传承中华文化，增强文化自信	4.配图短文*The Tidy-up Race*（1课时）

三、分课时单课语篇教学设计

语篇一 Unit 6 Spring Festival Lesson 1 We visit our relatives and friends.

文本内容：

Li Ming：The Spring Festival is coming.

Jenny：Oh，it's Chinese New Year. But when is it?

Li Ming：It's usually in February. Sometimes it's in January.

Jenny：What do you usually do at the Spring Festival?

Li Ming：Before the Spring Festival，we clean our home. We buy flowers and new clothes.

Li Ming：On the first day of the Spring Festival，the family get together. We wear new clothes. We visit our relatives and friends.

Li Ming：We usually eat *jiaozi*. We set off fireworks.

Jenny：That's interesting.

Li Ming：We'll visit my grandparents this year. Would you like to come with us，Jenny?

Jenny：I'd love to. Thank you!

1. 语篇研读

What：本课语篇为对话。Li Ming与加拿大小朋友Jenny谈论即将到来的春节。Jenny询问春节的日期和春节期间的习俗，Li Ming对春节前及正月初一的习俗进行了介绍，Jenny很感兴趣，Li Ming邀请Jenny今年随他们一起到祖父母家过年。结合单元教材结构和单元主题意义，在教学过程中对本课时教材内容予以调整，将五年级下册Unit 1 Lesson 4 Try yourself的小故事*The Story of Nian*提前。故事讲了在过年时，人们贴红色对联和放鞭炮驱赶年兽的传说，这就是"年"的来历，帮助学生理解春节习俗的由来，了解传统文化的源远流长。

Why：作者通过描述Li Ming和Jenny谈论春节的场景，引出春节前的忙年习俗、大年夜和大年初一的习俗，并简单地介绍了各个习俗中蕴含的文化内涵，点明春节阖家团圆、辞旧迎新、祝福新生活的特点。

How：该对话是比较典型的日常生活对话，涉及介绍春节活动的词汇，如：eat *jiaozi*、visit our relatives、wear new clothes、set off fireworks、buy flowers、clean our home等；探讨春节习俗时使用的核心语言，如：What do you usually do at the Spring Festival? We visit... /wear... / set off...等；Jenny 和Li Ming在谈论春节习俗时使用了一般现在时，学生在四年级上册Unit 3 Days of the Week开始接触一般现在时，学习、交流在不同的时间段做不同的事情。在四年级下册Unit 4 Weekend 深入交流对周末活动的安排，核心句型是What do you do ...? I often...，学生有一定的语言基础。该对话情节简单、易于理解，具有现实意义和教育意义。

2. 教学目标

通过本课时的学习，学生能够：

（1）在听、读、说等活动中，获取、梳理春节的基本信息，形成结构化知识，感受和了解春节的时间和习俗。（学习理解）

（2）在教师的引导下，借助思维导图，表演或复述春节的习俗。（应用实践）

（3）小组合作，制作春节文化海报，在班级内展示、交流自己在春节期间的活动，感受春节传统习俗的乐趣。（迁移创新）

完成课时目标所需的核心语言如下：

【核心词语】

eat *jiaozi*，visit our relatives，wear new clothes，set off fireworks，buy flowers，clean our home

【核心句型】

When is the Spring Festival?

It's usually in... Sometimes it's in...

What do you usually do at the Spring Festival?

Before the Spring Festival... On the first day of the Spring Festival...

3. 教学过程

教学过程见表2-5。

表2-5　Lesson 1 We visit our relatives and friends教学过程

教学目标	学习活动	教师评价
1.在听、读、说等活动中，获取、梳理春节的基本信息，形成结构化知识，感受和了解春节的日期和习俗（学习理解）	1.学生观看春节习俗的视频，教师提出问题："What's it about?"学生回答："It's about_____."引出课题，学习"Spring Festival"。 2.学生观看主情境图，教师介绍："Jenny wants to know about the Spring Festival."学生猜测并回答问题："What does Jenny want to know about the Spring Festival?"教师用思维导图归纳学生猜测的问题，分别是：When、What、Who引领的问题。 3.学生带着问题完整地观看动画视频，整体感知文本，捕捉关键信息，在思维导图的引导下，找出Jenny问的两个问题："When is it? What do you usually do at the Spring Festival?" 4.学生根据找到的两个问题，再次认真地观看动画视频，并回答两个问题。 第一个问题："When is the Spring Festival?" 学生从原文中找到答案。学生通过教师出示的2018—2022年春节的日历，很容易理解春节一般	教师观察学生对提出的问题是否能迅速地理解，及时调整交流方式。 教师在提问时要及时观察学生的反应，学生知道用when、what和who等疑问词进行提问。如出现学生不理解时，及时提供语言支架，给予学生适当的帮助，并用语言和手势进行评价

教学目标	学习活动	教师评价
1.在听、读、说等活动中，获取、梳理春节的基本信息，形成结构化知识，感受和了解春节的日期和习俗（学习理解）	（usually）在二月，有时（sometimes）在一月。"It's usually in _____. Sometimes it's in _____."第二个问题："What do you usually do at the Spring Festival？"学生依据文本语篇回答。观看课件上出示的春节时间轴，分别是"What do you do before the Spring Festival？"（春节前做什么）、"What do you do on the first day of the Spring Festival？"（大年初一做什么）。5.在出示春节前活动的过程中，学生对照课本上的插图，在教师的指导下，学习词组clean our home、buy flowers and new clothes并在教师的追问下，回忆和描述春节前夕忙年的习俗。What do you usually do before the Spring Festival？We buy flowers and new clothes.We clean our home.What do you usually do on the first day of the Spring Festival？We usually eat *jiaozi*.We wear new clothes.We set off fireworks.The family get together.We visit our relatives and friends.6.学生继续观看大年初一的习俗图片，在问题"What do you do on the first day of the Spring Festival？"的引领下，根据图片和教师板书的提示学习词组get together、wear new clothes、visit our relatives and friends、eat *jiaozi*、set off fireworks，根据自然拼读规律学习新单词relative、together，注意词组set off fireworks的连读。在学习到"We eat *jiaozi*."时，思考并回答教师的追问："What else do you do？What else do you eat？"7.学生在教师的引领下，利用板书进行知识回顾，进一步地掌握所学知识，培养总结归纳的逻辑思维能力，加深记忆，提升学习力。8.学生跟随录音，逐句模仿跟读，注意读准单词的读音。学生读得不准确的地方，教师及时进行纠正	教师观察学生的表现，根据需求调整提问方式，进行追问或给予鼓励。通过日历能够帮助学生一目了然地看出春节日期的分布。 教师让学生读一读这两个问题，并说一说春节前夕的习俗，评价学生对词组和语句的掌握情况，根据学生的回答，渗透忙年习俗中蕴含的春节文化，对学生的学习能力、思维品质等方面予以及时、适当的评价。 教师认真地倾听学生的回顾情况，对整篇文本的掌握情况予以适当的评价。教师根据不同能力水平的学生朗读对话的情况，给予指导或鼓励，进一步厘清本课脉络

教学目标	学习活动	教师评价
设计意图：本阶段的学习活动旨在帮助学生在语境中理解对话内容，学习对话中的词汇和核心语言。学生在教师的指导下，以问题为引领，整体感知文本，锻炼了捕捉关键信息、善于思考、提出问题的能力。学生通过观看对话视频，从大意到细节逐步理解对话内容。学生通过寻找问题的答案和思考春节不同时间段的习俗，检验对课文的理解深度，培养良好的理解能力和推理能力，更好地掌握目标语言。学生通过跟读和分角色朗读对话，进一步理解对话内容，内化语言，为语言的输出奠定基础		
2.在教师的引导下，借助思维导图，表演或复述春节习俗（应用实践）	9.学生根据出示的思维导图的提示，复述有关春节的活动。 10.学生在教师的引导下，根据实际生活经验说一说："What do you usually do at the Spring Festival? Do you know other traditions about the Spring Festival?"师生共同观看春节习俗的视频，了解更多春节的习俗，并送上美好的祝福。 （图片及短语提示：hang red scrolls, go shopping, have a big dinner, get lucky money, watch lion dance, watch a parade） 11.学生根据图片提示和教师提供的语言支架，调动自己的知识储备跟同伴交流、描述自己春节期间的活动并展示。 A：What do you usually do at the Spring Festival? B：We ... That's ... A：Do you...? B：Yes, we do. It's.../No, we don't. （图片及短语提示：go shopping, hang red scrolls, have a big dinner, get lucky money, watch lion dance, watch a parade, eat *jiaozi*, set off fireworks, visit our relatives, wear new clothes, buy flowers and new clothes, clean our home, get together）	教师观察学生的复述情况，就学生对本节课目标语言的掌握情况是否熟练进行评价。 学生在小组内进行交流。教师观察并认真地倾听，对学生小组内的合作交流情况及时予以适当的指导与评价
设计意图：本阶段的学习活动旨在引导学生利用思维导图提供的关键词复述课文，对目标语言进行吸收、存储、内化、整理和表达，提升学生的语言表达能力和思维能力。通过引领学生对春节活动图片的观察和描述，学生既能对目标语句进行操练和巩固，又能培养他们运用所学知识解决问题的能力。学生调动知识储备跟同伴交流、展示他们在春节期间的活动，促进语言内化，运用语言理解意义，培养学生热爱传统文化，传递美好祝福		

续表

教学目标	学习活动	教师评价
3.小组合作，制作春节文化海报，在班级内展示、交流自己在春节期间的活动，感受春节传统习俗的乐趣（迁移创新）	12.学生在教师的引导下回答："What do you think of the Spring Festival？"用英语说一说对春节的印象。"The Spring Festival is _____."。 13.学生利用本节课所学的核心语句支架和教师提供的春节活动图片，小组进行交流讨论。 （1）小组合作，写一写，完成制作春节文化海报的任务。 （2）说一说，组内进行交流。 （3）小组成员向全班展示海报并介绍春节的活动习俗，师生互评。 Make a poster about the Spring Festival. The Spring Festival is Chinese New Year. It's usually in _____. Sometimes it's in _____. At the Spring Festival，the family _____. We usually eat _____.We _____. We _____. We _____. The Spring Festival is _____. （参考词汇：get together，clean our home，go shopping，hang red scrolls，have a big dinner，get lucky money，watch lion dance，watch a parade，eat *jiaozi*，set off fireworks，visit our relatives，wear new clothes，buy flowers and new clothes） 14.学生观看故事*The Story of Nian*，回答："What did people do to drive Nian away？"了解春节习俗放鞭炮、贴对联的由来，加深对春节文化的理解。 15.学习小结	教师观察学生在语境中运用核心语言进行问答和交流的情况，根据学生的表现给予指导和鼓励。 教师观察学生在小组内运用所学语言交流春节习俗的情况，给予鼓励或者帮助。 教师观察学生汇报春节文化习俗的情况，评价教与学的成效
	设计意图：本阶段的学习活动旨在帮助学生在迁移的语境中，创造性地运用所学语言，展示春节文化海报，介绍春节的活动习俗。学生从课本走向现实生活，在评价春节感受、制作海报、交流春节习俗的过程中，发展语用能力，初步形成对春节文化的认识、理解，感受春节传统习俗的意趣	
作业设计	You must do：基础巩固类作业 1.跟读课文三遍，根据发音规律默写单词festival，February，January，before，relative。 2.把你了解的春节知识运用思维导图概括一下，并进行介绍吧！ （1）根据课文内容，仿照范例，绘制春节思维导图。 （2）根据绘制的思维导图，运用学过的语言支架，写一写春节习俗吧！	

教学目标	学习活动	教师评价
作业设计	注意：语言完整、准确。 （3）把你写出的春节习俗，介绍给朋友和家人吧！ If you can：实践应用类作业 1. 查阅资料，根据实际生活中的春节习俗，运用所学语言，图文并茂，自制绘本。 2. 和同伴分享并交流	
课后反思	本节课教师充分利用课件、动画视频等多媒体教学技术，使学生在真实的语境中学习并运用所学知识；充分发挥学生的积极性和主动性，使学生循序渐进地领悟知识，实现了本节课的教学目标，教学效果良好。 本节课的亮点有以下两个。 1.基于生活，搭建支架 春节是学生熟知的中国传统节日，本课创设了Jenny初到中国第一次过春节的情境，让学生猜想："What does Jenny want to know about the Spring Festival？"引导学生根据自己的生活经验和语言积累提出问题，学生提出了"When is Spring Festival？""What do you usually do at the Spring Festival？""Who will spend Spring Festival with you？"等开放性、有价值的问题，学生提出问题之后，教师运用思维导图来梳理问题。学生带着自己提出的问题，积极地投入有意义、有挑战性的学习中，带着学习期待走进了文本。 2.递进引领，启发思维 在导入环节中，设计了这样的问题："What does Jenny want to know about the Spring Festival？"让学生观看动画视频，整体感知文本内容，锻炼学生捕捉关键信息、提出问题的能力。学生找出了Jenny问的两个问题："When is the Spring Festival？What do you usually do at the Spring Festival？"在回答第一个问题时，以2018年至2022年的春节为例，展示近5年的春节时间，让学生充分理解"It's usually in February. Sometimes it's in January."的意义。在回答第二个问题时，引导学生学习关于春节活动的核心句。利用以下几种方法： （1）采取"图配文"的方式，每一种有关春节的活动都搭配相应的图片，帮助学生理解文本。 （2）采用时间轴的方式，按照时间顺序将春节活动分成：before the Spring Festival和on the first day of the Spring Festival两部分进行学习，核心句分批出现，教学难点迎刃而解。 （3）通过肢体语言动作表演，如：拜访亲朋好友、吃饺子等，使语言生动、立体，课堂气氛活跃，学生学习热情高涨	

语篇二　Unit 6 Spring Festival Lesson 2 Did you have a big dinner?

文本内容：

Li Ming：I had a good time last Spring Festival.

Jenny：Did you go to your grandparents' house?

Li Ming：No，we didn't. My grandparents came to my home.

Jenny：Did you have a big dinner?

Li Ming：Yes，we did.

Jenny：Did you eat at home?

Li Ming：No，we didn't. We ate out.

Jenny：Did you set off fireworks?

Li Ming：Yes，we did. It was fun. Then we watched TV at home.

Li Ming：This year，we'll go to my grandparents' house in the country.

Jenny：That will be wonderful！

1. 语篇研读

What：本课语篇为对话。Li Ming与加拿大小朋友Jenny谈论去年春节的活动。Jenny询问Li Ming是否去祖父母家过春节了，并询问春节时的活动，是否团聚吃团圆饭、是否放鞭炮等问题，Li Ming一一回答后，并邀请Jenny今年过春节时随他一起到乡下的祖父母家度过。结合单元教材结构和单元主题意义，教学过程中对本课时的教材内容予以调整，将"Lesson 4 Again，please！Part 4 Fun time."和Try yourself的小故事*Cat and Rat*提前。这两部分是关于中国文化中的十二生肖文化。Part 4 Fun time以图文的形式顺序地展示了十二生肖，小故事*Cat and Rat*讲述了"鼠"排在十二生肖之首的原因。这两部分内容的提前，帮助学生感知传统文化的深层含义，引导学生更完整地了解春节文化。

Why：作者通过Li Ming和加拿大小朋友Jenny谈论去年春节的经历，引出在城市过年的新旧习俗，探讨不同时代、不同地域的春节文化风俗，提高学生对文化多样性的认知，感悟春节文化中蕴含的爱和温暖，树立家国情怀。

How：本对话是日常生活对话，内容围绕Jenny向Li Ming询问春节经历的对话展开，使用一般过去时进行描述。通过"Did you go to your grandparents' house / have a big dinner/eat at home/set off fireworks？"句型进行询问，在真实语境下向加拿大小朋友展示了春节习俗的多元化和趣味性。

2. 教学目标

通过本课时的学习，学生能够：

（1）在听、读、说等活动中，获取、梳理、概括春节经历的基本信息，形成结构化知识，对比在城市过年的传统习俗与新习俗，体验春节文化的多样性。（学习理解）

（2）在教师的引导下，借助思维导图等方法，分角色表演对话或复述春节的经历。（应用实践）

（3）小组合作，制作My Super Spring Festival小报，在班级内展示、交流自己的春节经历，感悟并体验春节文化中蕴含的爱和温暖。（迁移创新）

完成课时目标所需的核心语言如下：

【核心词语】

house，came，fun，country，wonderful，have a big dinner，eat at home，set off fireworks

【核心句型】

Did you go to your grandparents' house / have a big dinner/eat at home/set off fireworks？

Yes，we did. /No，we didn't.

3. 教学过程

教学过程见表2-6。

表2-6　Lesson 2 Did you have a big dinner? 教学过程

教学目标	学习活动	教师评价
1.在听、读、说等活动中，获取、梳理、概括春节经历的基本信息，形成结构化知识，对比在城市过年的传统习俗与新习俗，体验春节文化的多样性（学习理解）	1.学生观看春节视频，并就视频内容，根据思维导图提供的图片支架，回答教师提出的问题："What is the video about? When is the Spring Festival? What do you usually do at the Spring Festival？" 2.学生看图，听语篇的第一段录音，回答教师的问题："Which Spring Festival are they talking about, last Spring Festival or next Spring Festival? Did Li Ming go to his grandparents' house? How was Li Mings last Spring Festival？"通过思维导图的引导，从when、where、how三个维度来描述Li Ming去年春节的大致情况。 3.学生默读语篇，在课本中画出Jenny向Li Ming询问的几个关于春节活动的问题，并回答这几个问题："Did you go to your grandparents' house? Did you have a big dinner? Did you eat at home? Did you set off fireworks？" 4.学生逐段阅读课文，并解决问题中的新单词，关注单词中字母组合的发音规则。 （1）"Did you go to your grandparents' house？"关注字母组合的发音规则，列举学过的单词，如：mouth/about，引导学生关注ou字母组合的发音，并读出新单词house/mouse。在学习答语"No, we didn't. My grandparents came to my home."时，关注动词过去式的变换形式，如：come—came. （2）利用单词卡和课件图片来学习句子：We ate out. It was fun. We watched TV at home. 关注连读、过去式、语音等情况。 5.在学习课文第三段中"Did you set off fireworks？"时，进行以下活动： （1）学生思考问题："Why did people set off fireworks before？"教师出示年兽的图片，引导学生回答："To drive Nian away."	教师提出问题，进行复习，观察学生对提出的问题是否能迅速地理解，及时调整交流方式。 教师在提问时要及时观察学生的反应，及时调整提问方式，如出现学生不理解的情况时，及时提供语言支架，给予学生适当的帮助，并用语言和手势进行评价。 教师根据学生朗读这些句子的情况，评价学生的发音情况，给予鼓励或个别指导。 教师根据学生对问题的回答，观察学生是否能理解文本内容，评价学生对文本的理解情况，并及时给予鼓励和帮助。 教师让学生读一读，评价学生对语音、单词、过去式的掌握情况，及时给予个别指导。 教师根据学生回答问题的情况，及时提供帮助，便于学生理解

教学目标	学习活动	教师评价
1.在听、读、说等活动中，获取、梳理、概括春节经历的基本信息，形成结构化知识，对比在城市过年的传统习俗与新习俗，体验春节文化的多样性（学习理解）	（2）学生再思考问题："Why do people set off fireworks now?"并在图片的引导下，对燃放烟花的利弊展开讨论。（例如：beautiful/ fun/ nice/ good luck/ pollution/ dangerous…）适时地对学生进行安全教育。"Set off fireworks with your families. Be careful!" 6.教师提问："What other fun things did you do with your family last Spring Festival?"以图片的形式来引导学生思考除了放烟花以外其他的娱乐活动，如：watch gala at home, go to the cinema, go to the museum、travel to…, go skating, read some books, play basketball等有意义的活动。 7.学生在教师的引领下，利用板书进行知识回顾，进一步掌握所学知识，培养总结归纳的逻辑思维能力，加深记忆，提升学习力。 8.学生跟随录音，逐句模仿跟读，注意读准单词的读音，并指导学生注意连读等情况，学生读得不准确的地方，教师及时进行纠正	解释燃放鞭炮的习俗由来，并借助手势和图片，帮助学生理解drive Nian away，及时对学生的回答做出评价。 教师引导学生对现在为什么燃放鞭炮这一问题的思考，鼓励学生对其利弊展开讨论、交流，并进行适当的评价。教师以问题来引导学生思考过年其他的娱乐活动，及时对学生的回答进行评价，指导学生度过有意义、有趣味的春节。 教师根据不同能力水平的学生朗读对话的情况，给予指导或鼓励

设计意图：本阶段的学习活动旨在帮助学生在语境中理解对话内容，学习对话中的词汇和核心语言。教师播放春节相关的视频，激活学生关于春节的背景知识，在思维导图的引导下，从when、what两个维度复习旧知；学生观看视频，回答教师提出的问题，从when、where、how三个维度回答教师提出的问题，简单地描述Li Ming去年春节的大致情况，锻炼了捕捉关键信息的能力，加深了学生对文本的熟悉和理解。学生在寻找Jenny提出的问题以及探讨问题的过程中，进行语音、词汇、句式的学习，培养良好的理解能力和推理能力，更好地掌握目标语言。以Li Ming的春节活动为主线，帮助学生理解饮食和民俗文化，并适时地对学生进行安全教育。学生在教师的指导下，利用板书进行知识回顾，提升总结归纳的逻辑思维能力，提升学习力。通过跟读和分角色朗读对话，学生进一步理解对话内容，内化语言，为语言的输出奠定基础

教学目标	学习活动	教师评价
2.在教师的引导下，借助思维导图等方式，分角色表演对话或复述春节的经历（应用实践）	9.学生根据出示的图片提示，分角色表演对话。 A：Did you...? B：Yes，we did. / No，we didn't. （图片及短语提示：have a big dinner/ visit relatives/ set off fireworks/ watch TV/ wear new clothes/ go to my grandparents' house） 10.学生在教师的引导下，根据实际生活经验进行小组交流并问答："Did you...? Yes，I/We did.（No，I/We didn't.）"交流更多往年春节的庆祝方式。 11.学生观看"Lesson 4 Again，please! Part 4 Fun time."图片，回答："There are twelve animals in Chinese Spring Festival culture. What are they? And what are you?"学生在教师的帮助下，说出十二生肖，找出并说出自己的生肖。 （图片及词汇提示：rat，ox，tiger，rabbit，dragon，snake，horse，sheep，monkey，rooster，dog，pig） 12.学生观看 Lesson 4 Again，please! Try yourself 中的小故事 *Cat and Rat* 的视频，回答教师提出的问题："How did they celebrate the Spring Festival? What did Cat do the night before the party? What did Rat do the next morning? Were Cat and other animals happy? What do you learn from the story? "	教师认真倾听学生的朗读情况，对知识掌握、语音语调予以适当的指导与评价。 教师观察学生的表演情况，就学生对本节课目标语言的掌握情况是否熟练进行评价。 学生在小组内进行交流。教师观察并认真地倾听，对学生小组内的春节经历的交流情况及时予以适当的指导与评价。 教师观察学生能否理解十二生肖文化，能否说出十二生肖，能否说出自己的生肖，根据学生表述的情况，给予帮助。 教师观察学生能否理解 *Cat and Rat* 语篇大意，能否表达猫和鼠做了什么，感觉怎样，根据学生对问题的回应与反馈，及时给予引导和评价
设计意图：本阶段的学习活动旨在引导学生利用图片和语言支架，对核心语言进行归纳和整理，通过角色扮演，学生可以深入角色，运用语言理解意义。程度较好的同学还可以利用图片复述文本内容，促进语言内化，深入交流、探讨在城市过年的传统习俗与新习俗		

续 表

教学目标	学习活动	教师评价
3.小组合作，制作My Super Spring Festival小报，在班级内展示、交流自己的春节经历，体验春节文化中蕴含的爱和温暖（迁移创新）	13.教师以日记的形式，制作My Super Spring Festival小报，给予学生示范，引导学生谈论自己某个难忘的春节片段。 2022，Feb. 1 On the eve of the Spring Festival，we pasted the Spring Festival couplets. We had a big dinner together in the evening. Then we watched the Spring Festival Gala and made *jiaozi*. We welcomed the new year together. It was wonderful. 14.小组合作，利用思维导图和语言及图片支架，运用本节课所学核心语句，制作My Super Spring Festival小报，分享、交流自己的春节经历。 小组成员向全班展示本组的My Super Spring Festival小报，分别介绍自己的春节经历。 15.学习小结	教师根据学生春节经历分享的情况，判断学生是否真正内化本课的知识，评价学生在语境中运用核心语言的情况，根据学生的表现给予指导和鼓励。 关注学生小组制作海报、使用核心语言的情况，并及时地进行指导，认真地倾听学生汇报的春节经历的情况，判断学生是否能正确地运用一般过去时，是否能正确地运用核心语句，并及时地提供指导和帮助

设计意图：本阶段的学习活动旨在帮助学生在迁移的语境中，创造性地运用所学语言，制作 My Super Spring Festival小报，介绍本组成员的春节活动。学生在制作春节小报、交流春节经历和介绍他人活动的过程中，发展语用能力，体验春节文化中蕴含的爱和温暖

作业设计	You must do：基础巩固类作业 1.小组内角色扮演进行对话，根据发音规律默写单词came，set off，firework，house，fun，country。 2.把你印象深刻的春节经历运用思维导图概括一下吧！ （1）根据课文内容和实际生活经验，绘制你的春节经历思维导图。 （2）根据绘制的思维导图，用英语写一写你的春节经历。注意：语言完整、准确。 （3）把你写出的春节经历，讲给朋友和家人听吧！ If you can：实践应用类作业 录制视频，介绍春节经历：采用录制视频或者英语配音的形式，进行展示。视频要求：全英介绍，尽量配有字幕和背景音乐、图像清晰，时间控制在1—3分钟

续 表

教学目标	学习活动	教师评价
课后反思	本节课的目标有两个层次，首先学生能表演、复述Li Ming的春节经历；其次学生还能描述自己的春节经历。而情感的设定是从谈论春节的文化、饮食、活动，到情感表达，体验春节文化中蕴含的爱和温暖。 本节课，亮点有以下三点： 1.通过不同层次的任务复现文本，螺旋提升主题意义。 通过对文本的不同形式的听、读训练，实现了文本的多次复现，加深了学生对文本的熟悉和理解。同时通过层层递进的任务，训练了学生提取主题信息、抓取具体信息、整合文本信息的能力。 2.在细节中渗透传统文化，在交流中培养民族自信。 整个新知呈现环节，以Li Ming的春节活动为主线，学生在教师的引导下，理解饮食和民俗文化，能用英语交流自身的经历和看法。在此过程中，学生进一步理解了文本主题意义，同时也培养了学生思考能力与发散思维，提升了学生的思维品质。 3.创设真实的生活情境，让学生在真实情境中学英语、用英语。 在拓展环节中，学生分成 A、B、C三个小组，A组讨论 Before the Spring Festival，B 组讨论 On the eve of the Spring Festival，C组讨论 On the first day of the Spring Festival。讨论结束后，进行分享。本环节，引发学生思考自己的春节活动，分享自己的经历，完成语境转换，有助于学生实现语言知识的迁移，进一步体验春节文化中蕴含的爱和温暖	

语篇三　Unit 6 Spring Festival Lesson 3 They will say "Happy Spring Festival！"

文本内容：

Jenny and Danny are in the country. They will have the Spring Festival with Li Ming's family. They are very excited.

"Shall we get presents？" asks Jenny. "Sure. And we'll get lucky money，too，" says Danny，"But not from Santa."

On the eve of the Chinese New Year，they will eat *jiaozi* with the family. Then they will set off fireworks. It's the time to welcome the new year.

Early the next morning，Jenny and Danny will wear their new clothes. They will go with Li Ming to visit his relatives. They will say "Happy Spring Festival！"

1. 语篇研读

What：本课语篇为Jenny和Danny的春节计划，随着时间临近春节，Jenny和

Danny跟着Li Ming来到了乡下的祖父母家过年，他们对即将到来的春节充满期待。语篇内容围绕"What will they do this Spring Festival？"展开，谈论了收红包、吃饺子、放鞭炮、迎新年、穿新衣、拜年等活动。结合单元教材结构和单元主题意义，教学过程中对本课时的教材内容予以调整，将"Lesson 4 Again，please！Part 3 Let's read."的故事*Spring Festival in Chinatown*提前到本课时，故事是关于住在London的Mary对Chinatown中春节习俗活动的描述。这部分内容的提前，帮助学生了解外国人对中国春节的感受。

Why：作者通过描述Jenny、Danny和Li Ming今年将一起过春节的场景，引导学生进一步了解春节的习俗，体会其中的春节文化，感受春节习俗中人民对生活的美好祝愿，培养学生热爱并乐于发扬传统文化的情感，争做文化小使者，增强文化自信。

How：本课语篇是配图短文，涉及介绍小学生春节所做事情的词汇，如：get presents，get lucky money，eat *jiaozi* with the family，set off fireworks，welcome the new year，wear new clothes，visit his relatives，say "Happy Spring Festival"等。描述春节计划使用的核心语言：They will...，在描述春节计划时，使用了一般将来时，学生在前面的课程中已经接触并学习了该时态。文本展示了春节期间中国人阖家团圆的美好情景，旨在让学生进一步了解春节期间的习俗，感悟春节的内在美——温暖、团聚、关爱、迎新、感恩，体现人民对美好生活的祝愿，培养家国情怀，坚定文化自信。

2. 教学目标

通过本课时的学习，学生能够：

（1）在看、听、说、猜的活动中，获取、梳理、概括、整合文本中的春节计划，理解有关春节文化的内涵。（学习理解）

（2）在真实情境和语言支架的支持下，制作思维导图，复述课文的春节计划。（应用实践）

（3）根据实际生活，小组内自主制订并分享春节计划，对比不同地域的春节文化，争做文化小使者，传播春节节日文化。（迁移创新）

完成课时目标所需的核心语言如下：

【核心词语】

get presents，get lucky money，eat *jiaozi* with the family，set off fireworks，welcome the new year，wear new clothes，visit his relatives，say "Happy Spring Festival"

【核心句型】

描述今年的春节计划使用的核心语言：They will...

3. 教学过程

教学过程见表2-7。

表2-7　Lesson 3 They will say "Happy Spring Festival！"教学过程

教学目标	学习活动	教师评价
1.在看、听、说、猜的活动中，获取、梳理、概括、整合文本中的春节计划，理解有关春节文化的内涵（学习理解）	1.学生观看中国传统节日的视频，说出视频中介绍的中国传统节日：元宵节、端午节、中秋节、春节。根据图片猜测："What festival is it？"引出本节课要讨论的节日：春节，并提出本节课的活动任务：争当文化小使者。 2.复习旧知，梳理重点。学生回答教师提问的问题："What do you know about the Spring Festival？"学生在思维导图的引导下思考问题："When is the Spring Festival？What do we do at the Spring Festival？"和"What do we say at the Spring Festival？"根据既有的生活经验和语言积累进行回答并导入课题。 3.教师出示第一课和第二课的情境图，概括文本主要内容："what they usually do at the Spring Festival. what they did last Spring Festival."学生通过前两课的引导，猜测第三课的主要内容是"What they will do this Spring Festival"，激发学习兴趣。 4.学生快速浏览课文，了解文本大意，完成填空。"They will have a/an ＿＿＿＿＿ Spring Festival."学生用happy/ interesting/ nice/ exciting/ wonderful 等词进行描述。教师引导："Why is the Spring Festival wonderful/ interesting/ exciting/ nice？What do you want to know about this Spring Festival？"学生在思维导图的提示下，用 when、where、who、how、what进行	教师根据学生的回答，及时评价学生对中国传统节日的了解情况，并提出本节课的任务主题：争做文化小使者。 教师在提问时，观察学生在思维导图的提示下，用when、what we do和what we say归纳旧知的情况。如学生对旧知掌握不熟练时，要及时地提供语言支架，给予学生适当的帮助，并用语言和手势进行评价。 教师引导学生在这一语言结构中，对春节做简单的评价，并用"Why...？What...？"进行追问。关注学生能否借助思维导图的提示进行春节信息

教学目标	学习活动	教师评价
1.在看、听、说、猜的活动中，获取、梳理、概括、整合文本中的春节计划，理解有关春节文化的内涵（学习理解）	自主提问，在梳理文本脉络的同时，激发阅读欲望。 5.学生观看情境图，猜测并回答问题："Where are they? Who will they have the Spring Festival with? How do they feel?"解决思维导图中提出的问题：Where...? Who...? How...? 6.学生观看动画视频，解决思维导图中What的问题。 （1）教师提问："What will they do on the eve of the Spring Festival? What will they do early the next morning?"处理重点句型及短语on the eve和early the next morning。 （2）在学习They will eat *jiaozi*时，引导学生思考饺子馅中包的各种物品的含义，如：coin、niangao、date、candy、chestnut等，并引导学生回答年夜饭还吃什么？鱼、鸡、年糕、春卷这些食物有什么寓意？对文本中的饮食文化寓意给予拓展。 （3）教师呈现课文的第二幅图片并提出问题"Will they get presents?"，学生速读课文第二段，回答问题。然后教师再次提出问题："Will they get lucky money, too?"引导学生思考红包的含义。 7.学生在教师的引领下，利用板书回顾Jenny、Danny、Li Ming今年的春节计划，进一步掌握所学知识，培养学生总结归纳的逻辑思维能力，加深记忆，提升学习力。 8.学生跟随录音，逐句模仿跟读，注意读准单词的读音。学生读得不准确的地方，教师及时进行纠正。在学生自由朗读文本时，教师要提醒学生注意读书的姿势和语音、语调	的自主提问，教师根据学生提问的情况，对学生提出的问题予以及时、适当的评价。 根据学生观看情境图后回答Where、Who、How问题的情况，对学生的观察能力、预测能力进行恰当的评价。 教师引导学生理解on the eve和early the next morning，并逐步引导学生思考当地的春节饮食文化的寓意，根据学生的表现给予指导和反馈。 教师在引导学生思考年夜饭中的饮食文化的寓意时，及时让学生补充他们知道的饮食文化中的寓意，关注学生对春节长辈给晚辈压岁钱的习俗及压岁钱含义的理解，及时做出评价。 教师认真地倾听学生的复述和朗读情况，就学生对本节课目标语言整篇文本的掌握情况是否熟练予以适当的评价

教学目标	学习活动	教师评价
设计意图：本阶段的学习活动旨在帮助学生在语境中理解对话内容，学习对话中的词汇和核心语言。学生在思维导图的提示下，用 when、where、who、how、what对文本进行自主提问，梳理文本脉络，锻炼学生捕捉关键信息、善于思考、提出问题的能力。学生带着问题再次观看动画视频，寻找问题的答案，进一步理解文本，培养良好的理解能力和推理能力，更好地掌握目标语言并进一步内化语言。学生通过模仿跟读课文，形成准确的语音、语调，通过跟读、自读，掌握正确的语音、语调，加深对文本的理解和对目标语言的掌握，提升语言能力。饺子馅文化、春节食物文化、拜年手势文化、压岁钱文化的渗透，帮助学生进一步了解春节习俗，感受人民对美好生活的向往		
2.在真实情境和语言支架的支持下，制作思维导图，复述课文的春节计划（应用实践）	9.教师创设生活情境，Li Ming、Danny和Jenny给远在加拿大的Lucy发送电子邮件，向Lucy介绍他们的春节计划。请学生借助句子支架，给Lucy写电子邮件，介绍课文中三人的春节计划，实现在语境中复述课文内容，并适时地梳理介绍春节计划的方法。 Plan for the Spring Festival where（地点）We are in _____ who（人物）We will have...with... what（活动）We are very..._____ On the eve _____ We will eat *jiaozi*. We will set off fireworks. Early the next morning We will wear new clothes. We will visit relatives. We will say "Happy Spring Festival！" We will get lucky money. how（总结）We will have a... Spring Festival. 10.教师引导学生制作思维导图，梳理春节计划，对文本内容进行扩充，为后面的仿写做铺垫。 Plan for the Spring Festival When? Where? What：What to get? What to eat? What to do? What to say? Who? How? 11.教师引导学生观看视频并阅读文本内容，了解Spring Festival in Chinatown（中国城里过春节）的场景，并能够快速地提取who、where、what、how的关键信息，扩展思维导图的语言支架	教师通过给Li Ming的朋友Lucy发送电子邮件这一事件，创设真实情境，搭建语言支架，让学生在语境中复述课文。教师观察学生的复述情况，就学生对本节课目标语言的掌握情况是否熟练进行评价。 教师观察学生交流春节计划的参与度、对春节计划的思维导图的完成情况，判断学生是否掌握描述春节计划的核心句型，根据需求给出必要的指导和反馈。 观察学生在观看视频后，小组合作快速提取关键信息的情况，评价学生的分析、概括能力

教学目标	学习活动	教师评价
	设计意图：本阶段的学习活动旨在引导学生利用语言支架提供的关键词复述课文，是对目标语言进行吸收、存储、内化、整理和表达的过程，提升了学生的语言表达能力和思维能力。通过制作思维导图，学生可以对春节计划有一个总体的梳理和扩展，培养他们运用所学知识解决问题的能力。中国城过春节文本的拓展阅读，学生利用问题支架提取文本关键信息，进行举一反三，小组内自主提取关键信息，抓住文本主要内容，有效地提升了学生的概括能力，开阔了学生的眼界，让学生能够感受到中国城里浓郁的春节氛围，激发了学生的学习兴趣的同时，将所学知识也进行了有效地拓展，锻炼学生捕捉关键信息的能力，拓宽学生的文化视野	
3.根据实际生活，小组内自主制订并分享春节计划，对比不同地域的春节文化，争做文化小使者，传播春节日文化（迁移创新）	12.响应课堂伊始教师"争当文化小使者"的倡议，学生制订春节计划，了解并弘扬中国文化，宣传春节习俗和文化。利用思维导图的语言支架，以及提炼的写作方法，进行仿写的训练。 The Coming Spring Festival Introduction（介绍）：We are in_____. We will have the coming Spring Festival with_____. We are very_____. Activities（活动）：Before the Spring Festival, We will _____. We will _____. On the eve of the Spring Festival, We will _____. We will _____. Early the next morning, We will _____. We will _____. We will _____. Conclusion（结论）：We will have _____. 13.小组成员向全班展示本组的春节计划，介绍春节期间要安排的活动。 14.学习小结：师生共同观看春节习俗的视频，了解世界各地的西方人过春节的情景，培养学生热爱并乐于积极发扬传统文化的情感，争做文化小使者，增强文化自信	教师根据学生小组合作制订春节计划及展示的情况，进行小组评价、奖励评价。教师利用评价量表进行星级评价，及时诊断学生在学习过程中的问题，并适时地予以帮助
	设计意图：本阶段的学习活动旨在创设情境，利用课堂生成的思维导图作为语言支架，学生自主制订春节计划并展示。根据新情境，整合运用相关语言表达，创造性地运用所学语言，培养学生在真实情境中运用所学语言和文化知识的能力，加深对主题意义的理解，推动迁移、创新。教师引导学生观看春节习俗视频，了解西方人过春节的情景，呼吁学生积极地行动起来，争做文化小使者，宣传春节习俗和文化，了解并弘扬中国文化，增强文化自信	

教学目标	学习活动	教师评价
作业设计	You must do：基础巩固类作业 1.读三遍课文，复述课文，并根据发音规律默写单词ask、lucky money、eve、early、next。 2.运用思维导图来概括你的春节计划吧！ （1）根据课文内容和实际生活经验，仿照例子绘制春节计划思维导图，并说一说吧！ （2）根据绘制的思维导图，用英语写一写自己的春节计划。注意：语言完整、准确。 （3）根据春节计划的思维导图和写出的春节计划，交流、展示自己的春节计划。 If you can：实践应用类作业 1.把你的春节计划录制成视频向大家展示一下吧！采用录制视频或者英语配音的形式，进行展示。要求：全英介绍，尽量配有字幕和背景音乐，图像清晰，时间控制在1—3分钟。 2.查阅更多有关节日的传统习俗，制作节日思维导图吧！ （1）到网上查找中国传统节日，标出每个节日的关键信息。 （2）选择其中一个节日，根据节日的关键信息，制作思维导图	
课后反思	本节课以"春节"为主题，围绕主题语境，利用三条教学主线：知识线—思维线—文化线，多维度地拓宽学生的学习渠道，通过问题链的设计激活了学生的思维，并搭建语言框架，学生的学习能力得到了有效的提升。总结亮点如下： 1.围绕主题语境，体验学习语言。 本节课，教师紧紧围绕主题语境设计教学活动。课前通过与主题相关的歌曲Happy New Year导入热身，营造春节的情境氛围。选用与主题相关的中国城里过春节的语篇，开阔了学生的眼界，让学生能够感受到中国城里浓郁的春节氛围，激发了学生的学习兴趣的同时，将所学知识也进行了有效地拓展。"Make a plan for the Spring Festival."利用课堂生成的思维导图作为语言支架，学生自主制订春节计划，将所学的知识进行有效的运用。 2.搭建支架，激发学生思维。 进入文本前，通过搭建问题支架When—where—who—what—how引领学生自主提问，激发学生的思维。学生在解决问题的过程中，通过支架自然地梳理了文本的主要内容。在对文本进行复述时，又为学生搭建了语言支架，学生能够将文本进行有效的复述。在进行中国城过春节文本的拓展阅读时，放手让学生自主学习，学生利用问题支架提取文本关键信息，有效地提升了学生的概括能力。	

续 表

教学目标	学习活动	教师评价
课后反思	3. 渗透文化内涵，塑造文化品格。 英语课堂要聚焦学生语言能力的提升，英语课堂更是文化的课堂。在本节课的多环节中都进行了文化渗透。从课堂伊始，让学生简单地了解了中国的传统节日，并激发学生争做文化小使者的欲望。课堂过程中又依次渗透了饺子馅文化、春节食物文化、压岁钱文化，等等，让文化渗透贯穿于课堂的始终。 4. 注重多元评价，提高教学质量。 评价是教学的"助推器"。本节课，教学目标始终在场，教学评价"镶嵌"全程，做到评即学、评即教、教即评。课堂上，采用多种方式对学生进行评价，贯穿课堂的语言评价、奖励评价、小组评价等，充分调动学生的学习主动性，让学生体验到学英语的成功与快乐	

语篇四　Unit 6 Spring Festival Lesson 4 The Tidy-up Race

1. 语篇研读

What：本课语篇为配图故事，结合单元教材结构和单元主题意义，在教学过程中对本课时的教材内容予以调整和补充，将"Part 2 Listen and repeat."提前，"Part 1 Let's listen."置后；Part 3 提前到第三课时，Part 4 Fun Time和Try yourself 小故事*Cat and Rat* 提前到第二课时，将之替换为绘本*The Tidy-up Race*，更能凸显单元主题意义。*The Tidy-up Race*讲述了临近春节，中国小朋友Feng和他的笔友Duncan互通电子邮件，Duncan询问Feng春节都要干什么，Feng回答要进行春节大扫除，俩人约定要举办一次春节大扫除比赛，谁第一个整理好房间并拍摄照片，即赢得比赛。Feng列出了要做的工作清单，将家里收拾干净之后，和自己的家人一起装饰房间，庆祝春节。该语篇旨在通过朋友之间的邮件往来，提升学生跨文化交际能力，传播中国的节日文化，树立文化认同感，坚定文化自信。

Why：作者通过描述主人公Feng在春节前的经历，通过跟笔友互通电子邮件，介绍春节习俗、约定比赛、列出清单、开始大扫除，并和家人一起装饰房间，庆祝春节。学生对春节习俗非常熟悉，对主人公所做的事情和感受也很熟悉，通过这个非常贴近学生实际生活的故事，学生可以感受到春节习俗和习俗背后的家庭之间的关怀和爱。

How：本文按照时间、地点的开展顺序，使用一般现在时进行描述。本文清晰地展现了明、暗两条线索，指向同一德育目标的不同层次。明线是通过Feng和他的笔友Duncan互写电子邮件这一事件，展示春节的传统习俗；暗线通过文本中的春节庆祝活动，发现节日文化之精深，提高学生对祖国文化的自豪感和热爱之情，从而传播中华文化，传承中华文明，坚定文化自信。

2. 教学目标

通过本课的学习，学生能够：

（1）在教师的引导下，获取更多与春节相关的知识和信息；通过听、说，总结归纳字母组合ng、wh、ar在单词中的拼读规律；在看、听、说的过程中，借助图文提示，提取、梳理Feng在春节前的活动信息，并能准确地运用语言结构，进行谈论。（学习理解）

（2）在教师的帮助下，根据图片支架，复述Feng在表演春节前的活动。（应用实践）

（3）争做文化小使者，传播传统节日文化，制订有意义的传统节日庆祝方案，在小组内进行交流，并向全班汇报、交流、总结。（迁移创新）

完成课时目标所需的核心语言如下：

【核心词汇】

eve，the Spring Festival，relative，before，early，house，next，firework，lucky money，came

【核心句型】

What do you usually do at the Spring Festival?　　Happy Spring Festival!

3. 教学过程

教学过程见表2-8。

表2-8　Lesson 4 The Tidy-up Race教学过程

教学目标	学习活动	教师评价
1.在教师的引导下，获取更多与春节相关的知识和信息；通过听、说，总结归纳字母组合ng、wh、ar在单词中的拼读规律；在看、听、说的过程中，借助图文提示，提取、梳理Feng在春节前的活动信息，并能准确地运用语言结构，进行谈论（学习理解）	1.学习教材"Lesson 4 Part 2 Listen and repeat."学生通过听、说教师所给的单词，总结字母组合ng、wh、ar在单词中的拼读规律，并根据拼读规律读出以下歌谣： A Strong farmer is in a white car. Where is he going? What is he doing? He is singing a long song. He is going to a far place in the morning. 2.复习Unit 6 Spring Festival，提问："When is Spring Festival? What do you do before the Spring Festival? How do you feel?"学生借助图片、语言提示等方式复习前三课的主要内容。 3.Guess，listen and talk。（Part 1 Let's listen） （1）学生观察Part 1的图片，猜测"What do they do at the Spring Festival?"。 （2）学生听录音，给图片连线。 （3）同桌之间开展逐图描述人物的活动。 4.观察封面，引导学生仔细读图，并说出观察到的图文信息，如：Title，Author，Illustrator，Publisher，Topic等信息。 5.学生观看视频，回答提出的问题："Who does Feng get an email from? What is the email about?" 6.学生在教师的引导下进行图片环游。 （1）阅读绘本第2—4页的内容，回答Feng和Duncan的电子邮件内容是什么，约定了什么事情？为什么？ （2）观察绘本第5—9页的图片及文本信息，回答"What does Feng do? How does he do them?" （3）观察阅读绘本第10—17页的图文信息，回答："What do they do to celebrate the Spring Festival?" （4）观察朗读绘本18—19页，关注图文信息，梳理Feng和Duncan的邮件信息。 7.学生跟随录音，逐句模仿跟读，注意读准单词的读音。学生读得不准确的地方，教师及时进行纠正	观察学生能否自主归纳字母组合ng、wh、ar在单词中的拼读规律，是否能够根据拼读规律读出相应单词，根据需求予以指导。 教师在用when、what和how等疑问词提问时，要及时地观察学生的反应，如出现学生不熟练的情况，及时提供语言支架，给予学生适当的帮助，并用语言和手势进行评价。 教师观察学生的表现，能否对图片中人物的活动进行准确的描述，根据需求调整提问方式，进行追问或给予鼓励，引导学生细致地读图，提取封面的细节信息。 教师引导学生带着问题观看视频，捕捉视频中的关键信息，如果出现学生不理解的情况，及时提供语言支架或图片支架。 教师观察学生的阅读和讨论问题的情况，如果学生对文本不理解，或者不能准确地回答提出的问题时，教师要转变提问方式，或者指导学生在文本中标注关键信息，引导学生深入理解文本

教学目标	学习活动	教师评价
设计意图：本阶段的学习活动旨在帮助学生在语境中理解对话内容，学习对话中的词汇和核心语言。学生在教师的问题引领之下，在Feng 和Duncan来往电子邮件的语境中理解语篇内容，通过观看视频，从语言框架到图文细节，层层递进回答Spring Festival的传统习俗，逐步理解语篇内容。学生在教师的指导下进行图片环游，观察图文信息，梳理Feng的活动轨迹及春节习俗。学生通过跟读和分角色朗读对话，进一步理解对话内容，内化语言，为语言的输出奠定基础		
2.在教师的帮助下，根据图片及关键词的提示，讲述并复述Feng春节前的活动（应用实践）	8.学生根据板书上的图片及关键词，在教师的指导下，进行故事复述	教师观察学生的复述情况，就学生对本节课目标语言的掌握情况是否熟练进行评价
设计意图：本阶段的学习活动旨在引导学生利用思维导图提供的关键词复述课文，对目标语言进行吸收、存储、内化、整理和表达，提升学生的语言表达能力和思维能力。学生通过讲述故事，强化文本的理解，增强与文本的互动，建立知识结构，提升总结概括能力		
3.争做文化小使者，传播传统节日文化，制订有意义的传统节日庆祝方案，在小组内进行交流，并向全班汇报、交流、总结（迁移创新）	9.阅读搜集到的绘本资源——"The Important Chinese Traditional Festivals. "绘本中展示了the Spring Festival, the Qingming Festival, the Dragon Boat Festival, the Mid-Autumn Festival, the Double Ninth Festival 等中国传统节日的时间、风俗活动等内容。 10.学生在教师提出的问题的引领下，小组内进行交流，完成表格："What Chinese traditional festivals do you know? When is the festival? What do we do at the festival? " 11.根据绘本的内容和查找的资料，小组合作，开展"争做文化小使者"活动，分享第三课时作业中制作的传统节日思维导图，并按照when、where、who、what、how 问题的引领，在班级内分享自己最喜欢的节日：My Favourite Festival, 然后小组、班级、教师进行评价，选出"文化小使者"	教师观察学生的自主阅读情况，在学生遇到生词或者不理解文本的情况时，予以指导和帮助。 学生在小组内进行交流。教师观察并认真倾听，对学生小组内的合作交流情况予以及时、适当的指导与评价。 教师及时巡视，发现学生书写问题，及时进行指导，鼓励学生之间互相帮助，并给予鼓励或者帮助

教学目标	学习活动	教师评价
3.争做文化小使者，传播传统节日文化，制订有意义的传统节日庆祝方案，在小组内进行交流，并向全班汇报、交流、总结（迁移创新）	My Favourite Festival My Favourite Festival is _____. It's _____. It's usually in _____. Sometimes it's in _____. At the festival, the family _____. We usually eat _____. We _____. We _____. We _____. The festival is _____. 12.学习小结	教师观察小组学生向全班介绍My Favourite Festival的情况，评价教与学的成效

	设计意图：本阶段学习活动旨在帮助学生在迁移的语境中，创造性地运用所学语言，从春节习俗的介绍和内涵的了解，迁移到对清明节、端午节、中秋节、重阳节等中国传统节日的介绍和了解。通过学习补充的绘本故事，更深刻地了解传统节日的相关文化背景，加深对中国传统节日文化多元性的理解，丰富学生的知识体系，融合了课内外关于传统节日的知识，加深对优秀文化的认同，增强国家认同感和家国情怀，坚定文化自信
作业设计	You must do：基础巩固类作业 大声地朗读三遍绘本，对照图片，把故事讲给家人听听吧！ If you can：实践应用类作业 1.你还知道哪些中国传统文化知识呢？请借助书籍、报刊、网络等方式来搜集相关资料，可以以"Our Traditional Culture Tree"为题采取制作海报、制作绘本、绘画等不同形式，来介绍中国传统文化。 2.选择你喜欢的一个中国传统节日，给大家介绍一下吧！ （1）选择你喜欢的一个中国传统节日。 （2）采用录制视频或者英语配音的形式，进行展示。视频要求：全英介绍，尽量配有字幕和背景音乐，图像清晰，时间控制在1—3分钟
课后反思	本节课为绘本与主教材融合的课例，利用丽声北极星分级绘本五年级上册 *The Tidy-up Race* 这一故事，对Spring Festival 这一单元主题内容进行了补充和延伸。学生在真实的语境下学习并运用所学知识，充分发挥了学生的积极性和主动性，学生循序渐进地掌握了目标语言知识，实现了本节课的教学目标

续 表

教学目标	学习活动	教师评价
课后反思	本节课的亮点有： 1.课前回顾主教材内容，激活主题。 复习Unit 6 Spring Festival，利用思维导图来引导学生整体思考单元内容，回答："When is Spring Festival? What do you do before the Spring Festival? How do you feel?"引导学生复习主教材中的句型，并渗透绘本中的主要语句。 2.课中聚焦绘本细节，丰富主题。 教师聚焦绘本与主教材的不同点，选取关键细节，进行深入挖掘。绘本通过介绍Feng 和笔友Duncan互通电子邮件，约定举办房间整理比赛这一情境，展开对Feng和家人的春节前活动的描述，更具现代气息，贴近学生的真实生活，是对主教材的补充和拓展。以图片环游的形式，以问题为引领，层层递进地展开对绘本的剖析，补充了学生的课外知识，拓展了学生的阅读视野，达到丰富主题、深化主题的目的。 3.课后鼓励延伸阅读，升华主题。 教师选取了*Chinese Festivals*这一绘本，它是本单元Spring Festival的延伸和补充。补充的绘本介绍了中国的传统节日：春节、清明节、端午节、中秋节、重阳节的日期、季节、活动及习俗，学生运用所学的知识结构，在思维导图的引导下，选取其中一个节日，进行My favourite Festival的介绍，引导学生联系自己的学习、生活经验，实现了对语言知识的运用，丰富并深化了学生对中国传统节日的文化多元性理解，加深了对优秀文化的认同，增强了国家认同感和家国情怀，坚定了文化自信

四、表现性任务及评价量规

可根据内容选择任务和评价量表。

（一）任务目标

介绍传统节日，争做文化小使者。结合本单元的学习情境，在班级里真实地开展相关活动，引导学生综合性地运用本单元学习到的语言知识和"介绍传统节日，争做文化小使者"等相关技能，进行开放式的沟通与交流，促使学生可以充分发挥想象力，真实、全面地介绍中国的传统节日，表达自己的喜爱之情，使其英语交流能力、英语思维品质、英语文化意识以及英语的学习能力得到了有效的提升。

（二）任务描述

首先，教师结合本单元内容，创设成果展示环节的活动情境：Jenny还想了解更多的关于中国传统节日的信息，我们一起来为她做介绍吧！然后引导学生完成以下活动任务：

（1）Group work。各小组利用前三课学过的语言支架和不断补充完成的思维导图，选择一个中国的传统节日，小组内进行介绍。然后，各组根据每位成员的实际表现，结合评价表格进行组内互评，选出每一小组中的"文化小使者"。

（2）Show time。首先，各小组分别以表演的方式进行"文化小使者"宣讲的课堂展示。然后，学生根据每组的实际表现，采用小组间互评的方式，选出本班的"文化小使者"最佳团队。

（3）Summary and Awarding。教师结合学生在本单元中的整体学习过程和最后的成果展示进行综合性评价总结及颁奖活动。

在第4课时学习活动后实施此任务，4人一组，由小组长与组员合作完成，并及时进行评价（各成员互评：1号和3号互评，2号和4号互评），并对每个人的评价结果进行解释与反馈，由小组长记录在评价量表中。

（三）评价标准

评价标准见表2-9。

表2-9　"文化小使者"评价量表

评价项目	评价内容			评价记录		
	优秀	良好	一般	自评	互评	师评
	★★★	★★	★			
思维导图	1.使用丰富的词汇和恰当的句型完成导图的填写。 2.能从导图中清晰地看到所要介绍的传统节日的完整信息	1.使用较为丰富的词汇和恰当的句型完成导图的填写。 2.能从导图中看到所要介绍的传统节日的基本信息	1.基础内容框架比较完整。 2.导图中所要介绍的传统节日的基本信息比较简单	☆☆☆	☆☆☆	☆☆☆

续 表

评价项目	评价内容			评价记录		
	优秀 ★★★	良好 ★★	一般 ★	自评	互评	师评
仿写练笔	1.能用至少8句话进行介绍，至少介绍5项内容："去哪儿？什么时候？和谁？做什么？感受怎样？" 2.内容丰富、完整，介绍有逻辑	1.能用至少6句话进行介绍，至少介绍3项内容："去哪儿？做什么？感受怎样？" 2.内容丰富、完整，介绍有逻辑	1.能用4—5句话进行介绍，至少介绍2项内容："去哪儿？做什么？" 2.内容介绍比较简单	☆☆☆	☆☆☆	☆☆☆
交流展示	1.语音、语调、时态正确，能准确、灵活地运用本单元的语言知识点如："What do you usually do at...We usually..."等进行表达。 2.情绪饱满，有感染力，与他人经常有眼神交流，肢体语言丰富、自然，完全脱稿	1.语音、语调正确，能正确地运用"What do you usually do at...We usually.../The family get together"等进行表达，基本表达清楚。 2.偶尔注意到与他人的沟通与交流，偶尔有眼神交流，有一些肢体语言，半脱稿	1.语音、语调正确，能简单地运用"What do you usually do at...We usually.../The family get together"等进行表达，但有个别错误。 2.与他人的沟通比较简单，肢体及语言交流比较少，做不到半脱稿	☆☆☆	☆☆☆	☆☆☆
小组合作	能与同学积极地沟通，善于合作，积极地参与制作思维导图、仿写练笔和表演活动，认真书写，用心倾听	能与同学进行沟通，能合作完成任务，参与交流，认真倾听他人发言	能与同学进行沟通，合作完成任务，但交流展示比较简单	☆☆☆	☆☆☆	☆☆☆
总计	_____☆					

五、单元教学反思

本单元中，教师围绕单元主题，整体建构学习框架、有序构建目标体系、分层实施学习活动、创新多元评价方式、巧用导图构建思维，引导学生形成对单元主题"Spring Festival"的深层认知、态度和价值判断，传承中华文化，坚定文化自信。

（一）整体建构学习框架，提炼主题意义

本单元的主题是"Spring Festival"，属于人与社会范畴下的"历史、社会与文化"中的"世界主要国家的传统节日、文化体验"子主题。围绕"Spring Festival"这一话题，呈现了春节的传统习俗及由来，通过交流不同地域的春节习俗以及传播春节文化，感受文化的多元性。

在分析单元内在关联的基础上，教师提炼出本单元的主题意义为：Meaningful Spring Festival，以此为教学主线贯穿整个单元教学，并对各课时的板块进行调整。首先，四个课时的话题依次设定为：春节习俗、春节经历、春节计划和传播节日文化。前三个话题是对单元话题"Spring Festival"的具体诠释，第四个话题是丽声北极星分级绘本五年级上册*The Tidy-up Race*，也是对主教材的延伸和拓展。这些话题既相对独立，又紧密关联、有效衔接。其次，教师从学科育人视角和学生的认知水平出发，提炼出单元主题意义、分课时主题意义，使各课时内容更为清晰、更有逻辑性，解决教学内容碎片化问题，建构整体学习框架，实现单元育人目标：运用所学语言介绍、交流春节习俗，感受春节意趣，体验多元文化，传承中华文化。

（二）有序构建目标体系，统领活动任务

本单元构建了由单元教学目标和课时教学目标组成的目标体系，体现了层级间的逻辑联系，做到可操作、可观测、可评价。单元教学目标按照"谈论春节风俗，感受春节意趣""描述不同地域的春节经历和计划，感受多彩春节""分享自己的春节经历和计划，体验春节文化的多样性""传播更多的传统文化，增强文化自信"的体系，帮助学生逐步建构起对单元主题的完整认

知。在分课时目标的制定上，体现了核心素养螺旋上升的过程。

（1）对语言知识的处理：学生经历了从初步感知、对比体验、理解运用到准确运用的过程，体现语言知识的不断进阶。

（2）针对话题表达的维度：教师引导学生从表演或复述春节风俗、春节经历、春节计划，到海报的制作、计划的制订、仿写的创作，达成由听、说、读向写的过渡，体现语言技能的有序进阶。

（3）针对活动任务的统领：教师引导学生从展示春节传统习俗，到交流自己的春节经历或计划，再到争做文化小使者，传播更多的传统节日文化，帮助学生理解、体验、传播传统文化，坚定文化自信。

（三）分层实施活动任务，发展语言能力

本单元各课时的活动任务是利用课堂上生成的思维导图和语言支架，采取小组合作的形式，在班级内展示、交流。任务的设置关注篇章之间的关系，任务之间连贯一致，层层递进，学生在螺旋式递进的语言结构中，循序渐进地达成学习目标，发展语用能力。第一课时：制作春节文化海报，展示、交流自己在春节期间的活动；第二课时：制作My Super Spring Festival小报，展示、交流自己的春节经历；第三课时：制订交流春节计划并展示；第四课时：制订更多传统节日的有意义的庆祝计划，并展示、交流。任务的设置，关注到一般现在时、一般过去时、一般将来时三种时态，聚焦学生的实际生活，从春节习俗拓展到更多的中国传统节日习俗，传播多彩节日文化，坚定文化自信。

本单元活动任务的设置，从整体感知到整合输出，由表及里、步步深入，这四个课时从书本到生活、从自我到他人，有关联、有层次地帮助学生理解、体验、传播传统文化。并在这一主题意义的引领下，指导学生学思结合，梳理、建立知识之间的关联；学用结合，内化、构建新知识体系；学创结合，联系实际，运用所学知识来解决现实生活中的问题，树立家国情怀。

在微观层面上，一节课的具体活动设计也体现了三个层次的活动链，教师引导学生围绕主题学习语言，获取新知、探究意义、解决问题，逐步从基于语篇的学习走向深入语篇和超越语篇的学习。

（四）创新多元评价方式，深化主题意义

本单元的教学评价具有多元化、创新性，具体做法如下：

（1）在课堂评价中，教师根据学生回答问题、小组讨论、合作交流等环节的具体表现，以口头、书面和肢体语言等反馈方式和量表等评价工具，给予学生有针对性的鼓励、指导或建议。比如第三课时中使用的评价量表，从思维导图、仿写练笔、交流展示、小组合作四个方面，给出了三个不同层级的评价标准，从自评、互评、师评三个角度进行评价。再如教师根据学生的回答，适时地用肢体语言：竖大拇指点赞的方式或用赞赏的眼神和语气进行评价；教师还可以用提问的方式来引导学生进行自我评价，比如询问："What do you think of yourself？"教师根据学生的自我评价，引导评价学生的学习效果。

（2）在作业评价中，教师创设了真实的学习情境，建立了课堂所学和学生生活的关联，设计了基础巩固类、实践应用类和拓展迁移类等多种类型的作业，如朗读、角色扮演、复述、仿写、制作海报、绘制思维导图、视频拍摄、英语配音等不同形式，采用多模态的手段、平台和空间，传播中国文化，坚定文化自信。

（五）巧用导图构建思维，形成结构化知识

（1）利用导图进行有效复习：在四个课时的学习中，复习旧知环节，都充分利用了思维导图，从when、where、how、who、what等不同角度，来引导学生思考前面所学，不断深入，构建结构化的知识体系。

（2）依托导图，深入解构文本：依托思维导图，帮助学生将碎片化的知识结构化、层次化，引导学生深入理解语篇，实现语言表达从无序向有序的转变，有利于培养学生的逻辑性思维。

通过思维导图的方式，学生对语篇中春节的习俗、春节经历、春节计划及其他传统节日的信息，一目了然、清晰全面，为学生的语言输出提供了结构式支架，引导学生进行有效的复习和建构本课知识框架，促进知识结构化。

第三章

基于学科育人理念的
课堂教学研究

教书育人，"育人"是大目标，"教书"应该为"育人"服务。在"教书"的同时"育人"，教师才有可能成为塑造学生生命，塑造学生灵魂的人。寓教育于教学之中，是每位任课教师须精心探讨与研究的课题。

——于漪《于漪知行录》

第一节　为学生设置丰富的学习内容

《义务教育英语课程标准（2022年版）》指出："教师要准确掌握教、学、评在育人过程中的不同功能，梳理'教—学—评'的整体育人观念。'教'主要体现为基于核心素养目标和内容载体而设计的教学目标和教学活动，决定育人方向和基本方式，直接影响育人效果；'学'主要体现为基于教师指导的、学生作为主体参与的系列语言实践活动，决定育人效果；'评'主要体现为发挥监控教与学过程和效果的作用，为促教、促学提供参考和依据。要注重三者相互依存、相互影响、相互促进，发挥协同育人功能。"

❖ 对中外文化多样性的探索

《义务教育英语课程标准（2022年版）》指出："英语课程要培养学生的核心素养，其中，文化意识体现核心素养的价值取向。"教师应着力培养学生的文化意识。小学是文化意识形成的重要时期，培养学生的文化意识有利于学生了解世界多元文化，树立家国情怀。

小学英语教材中承载了形式多样、内容丰富的文化信息，教师在课前要基于对单元整体内容的分析，梳理和挖掘文本中的文化信息，并基于学生的真实学情精准地制定文化培养目标，融合多元资源，丰富文化内涵；注重唤醒学生已有的文化知识储备，引导学生在体验中理解文化新知，在活动中比较文化异同，感悟文化的多样性。在课后布置相应的文化实践性作业，引导学生通过实际行动，在内化语言的过程中深化理解其含义，提升对中外文化异同的鉴别能力和敏感性，树立正确的人生观和价值观，全面提升核心素养。

学习鲁科版教材四年级下册第一单元Countries之前，笔者对教材文本和学情做了以下分析。

◎ 单元内容分析

该主题属于"人与社会""人与自然"范畴，涉及"世界上主要国家的名称""中外名胜古迹的相关知识和游览体验"。

本单元的内容围绕"Countries"这一主题展开，涉及五个语篇，包括四组对话和一个配图说明性短文。本单元的教学重点是询问和了解他人的国籍及居住地。在单元导图中，呈现了Li Ming作为中国"Happy Camp"的导游，接待来自世界各地小朋友的场景，为本单元故事的展开说明了前因。

语篇一是小学生日常生活对话。呈现的是Li Ming和Danny在机场巴士上与新朋友们相互认识，并用"Where are you from？"及"I'm from Britain."等句型来询问国籍的场景。

语篇二是小学生日常生活对话。呈现的是"Happy Camp"的成员来到Li Ming的学校参观，其他同学向Li Ming和Danny询问这些新朋友来自哪里的场景。学习"Where's he/she from？"及回答"He's/She's from Britain."等句型。

语篇三是师生日常生活对话。呈现的是 Miss Zhang 和同学们在校园小亭子中用"Where do you live？""I live in..."等句型与新朋友们谈论居住地的场景，并对居住的城市进行了评价。

语篇四是小学生日常生活对话。故事情景转移到了Li Ming家中，各国小朋友穿着自己国家的特色服装表演节目，以此复习了本单元所学的重点句型。交流了自己的国籍和居住城市以及对城市进行描述，表达了自己对祖国和家乡的热爱，以及对外国文化的尊重。语篇为学生提供了深度思考和语言实践的空间。

语篇五是配图说明性短文。"Try yourself."中的"Enjoy it."板块呈现了一个与分享有关的小故事*Riceland and Clotheland*，讲述了两个国家因为分享、互助，使两国人民既能吃饱又能穿暖的故事。学生从中能领悟出国家或个人之间应该学会彼此分享、友好互助的道理。此故事句式简单，可让学生借助图片和注释自主理解故事内容，锻炼学生的阅读能力。"Check it."板块引导学生根据表格自主评估自己对本单元的词汇及句型的掌握及运用情况，帮助学生制定切实可行的学习目标，养成良好的学习习惯。"Learn to learn."板块提供的学习策略要求学生收集各国典型人物的信息，制作典型人物信息卡片，在班级中运用所学的语言交流卡片内容，目的在于拓展学生对各国文化的认识，提升学生信息收集和语言运用的能力。

◎ **语篇研读**

鲁科版教材四年级下册"Unit 1 Countries Lesson 1 I'm from Britain."语篇研读如下：

What：Li Ming在大巴车上介绍自己并询问新朋友的姓名及他们的国籍。

Why：作者通过描述Li Ming在大巴车上与朋友的对话，来引导学生能够能运用本课的重点语言知识介绍、询问对方的国籍，并能认识一些国家的国旗及著名建筑物。

How：本语篇涉及四个单词：from China，Canada，the U.S.，Britain。交流与询问他人国籍的句式："Where are you from? I'm from..."学生运用这些句式来询问对方的国籍。对话情节比较简单、易于理解，具有现实意义和教育意义。

◎ **学情分析**

本课是四年级下学期的第一堂课。经过一年半的英语学习，学生积累了一定的语言知识，也具备了初步的语言应用能力。同时，学生经过一个寒假的休整，也对新课本、新知识充满了好奇。首先，第一堂课可结合学生之前的知识储备，唤醒学生对所学知识的记忆，调动学生学习英语的积极性。其次，在教学过程中，还可以根据本课的主题——Countries，采取多种活动形式来拓展一些与国家有关的小知识，满足学生的求知欲望，渗透多元文化意识，培养学生的家国情怀。

通过以上的分析，笔者进行了以下思考。

思考一：教师要以语篇研读为逻辑起点开展有效的教学设计。那么，本节课的教学目标是什么？语篇传递的主题意义什么？

思考二：学生是语言活动的主体，以什么样的活动来引导学生整合性地学习语言知识和文化知识，才能让学生对中西方文化的差异感兴趣并且愿意去探索呢？

思考三：教师要准确地掌握教、学、评在育人过程中的不同功能，树立"教—学—评"的整体育人观念。怎样进行深度的课堂评价和作业评价呢？

根据这些思考，笔者决定采用不同学科融合的方式，利用儿童视角，从图画导入，融入历史、地理的学科元素，以网络搜集资料和小组合作探究的方式来进行开学第一课的多元文化探索。

◎ **语篇的主题意义**

Different Countries，Different Culture（不同的国家，不同的文化）

运用所学语言来交流自己的国籍和居住城市以及对城市进行描述，表达自己对祖国和家乡的热爱，以及对异国文化的认可、尊重。

◎ **教学目标**

通过本课时的学习，学生能够：

（1）在看、听、说的活动中，能够更好地与他人交流并能询问对方的国籍。（学习理解）

（2）在教师、图片、语言支架的帮助下，分角色表演对话（掌握较好的学生可以创造性地添加对话）。（应用实践）

（3）进行角色扮演，与同伴交流、询问对方的国籍并在全班交流、展示。（迁移创新）

◎ **作业设计**

笔者根据制定的教学目标，设计了两类作业，分别是基础巩固类作业和实践应用类作业。

You must do：基础巩固类作业

（1）小组内角色扮演展示对话，根据发音规律朗读单词：China，from，Canada，the U.S.，Britain。

（2）制作海报。

① 搜集所学国家的相关情况，如知名建筑物、代表性的动物、著名的卡通人物等。例如：中国——知名建筑物如长城、天安门、故宫、长江等；动物如大熊猫，卡通形象如孙悟空、哪吒等。

② 根据搜集的资料，制作海报，注意：图文并茂。

③ 把你制作的海报，介绍给朋友和同学们吧！

If you can：实践应用类作业

录制视频，进行角色扮演，介绍自己及所在的国家。采用录制视频或者英语配音的形式，进行展示。视频要求：全英文介绍，尽量配有字幕和背景音乐，图像清晰，时间控制在1—2分钟。

◎ 课堂教学案例1

课堂上，笔者出示单词the U.S.及配图，图片上显示美国旧金山的金门大桥，它是美国最易识别的地标之一。该桥横跨金门海峡，连接旧金山和马林县，是旧金山的象征，也是一个受欢迎的旅游目的地，这座桥不仅是一个主要的交通枢纽，还是一件艺术品。除此之外，左上角还展示了美国国旗。笔者提问："What can you see in the picture？"震急切地举手说："能看到一座大桥，它坐落于美国旧金山。"半年来，他在英语课上越来越积极，思维也越来越活跃，但是没有想到他的知识面这么宽！笔者鼓励他表达一下对这座桥的看法，他说："Wow！How nice！"笔者趁机再问："你对这座桥还知道些什么？"他卡壳了，笔者鼓励："今晚回家查一下资料，明天来讲给同学们听，用简短的话来介绍它，好不好？"他非常痛快，有点小激动地坐下了。笔者相信他会用更加深入的视角来观察、讲述金门大桥。

紧接着，笔者又问："What else can you see？"让学生继续观察还能看到什么，烨玮举手说："我还能看到美国国旗。"笔者问："What is the flag like？"他磕磕巴巴地说："这是星条旗，左上角是50颗星星，其余地方是条状。"笔者继续引导："为什么是50颗星星？"他说："书上说的，这50颗星星代表美国的50个州。"笔者又问："观察一下，美国国旗和英国国旗有什么相同的地方？又有什么不同的地方？What colour is it？"同学们纷纷回答：
"It's red，blue and white."经过仔细比对之后，他们说："美国是星条旗，
英国是米字旗。"笔者再引导："为什么英国和美国的国旗会有相像的地方
呢？"看着同学们陷入沉思的面容，笔者说："老师给你们布置一个拓展作
业，今晚回家查资料，小组合作分配任务，查找资料并汇报，明天进行课堂展
示，好不好？"学生们纷纷摩拳擦掌，有点小兴奋。在学习单词Britain和India
时，图片上分别呈现英国伦敦的塔桥和印度的泰姬陵，好几个同学讲起了这两
个景观的构造和由来，笔者表示："同学们能够积极地动脑思考，知识面也非
常宽，大家今晚分组回去查资料，更精准、更深入地了解这些国家的文化，明
天来讲给大家听，好吗？"

下课了，同学们意犹未尽，纷纷讨论刚才各国的国旗和标志建筑物，间或
还能听到用英语进行的问答，笔者微笑着，期待着……

◎ **课堂教学案例2**

今天的最后一节课是英语课。笔者问学生昨晚回家是否查资料了，是否准
备好了课堂展示，全班同学一起响亮地回答："准备好啦！"整齐的声音中透
着自信。

课堂上，开始汇报昨天的任务。思言所在的小组负责查阅美国资料，她主
要讲解了美国国旗，从颜色到形状，再到由来，讲得很细致。子怡对美国的代
表建筑物还有城市做了拓展补充。祁赫代表小组汇报了英国的资料，祁赫居然
是用英文写的资料卡，是他自己手写的简单英文，符合四年级孩子的水平，稍
有难度的单词，他查了字典，在下面做了汉语标注和音标注解。艺博做了补充
拓展："我查了伦敦的这座桥，它叫塔桥，两边的桥墩是塔，起支撑作用。"
接下来是嘉瑞代表小组汇报了法国的资料，他们组的分工很细致，嘉瑞负责汇
报法国的历史，泓骅负责讲法国的建筑，可盈负责讲法国的美食。可盈是个有
心的小姑娘，她拿出来的是一张小小的海报，图文并茂，画了法国著名的美
食，并附上了中英文的介绍，成为一张又别致、又醒目的宣传海报，她一边
讲，一边展示海报，同学们听得津津有味，笔者对她大加赞赏。

这节课，各个组用他们的方式对不同的西方国家进行了详细、用心的介绍，他们的协作分工能力、策划能力、创新能力，如此出色、如此特别。汇报、展示的学生，并不都是英语学得特别出色的学生，但是他们用自己的巧思和用心，赢得了同学们的赞誉，也赢得了笔者由衷的敬佩。

这两节课，是对Countries这一单元的主题意义Different Countries，Different Culture（不同的国家，不同的文化）的浅显探索。引发笔者思考的是：通过合作探究的方式，教师见到了学生绽放出的绚烂光彩，如于漪老师所言："教育从来不是一个结果，而是一个生命展开的过程，它永远面向未来，不会结束。因为，教师要和学生一起，展开生命，不断成长。"

◎ **教后反思**

当前，在小学英语教学中对学生文化意识的培养还存在着一些问题。一是重语言教学，轻文化教学。教师在教学中往往以传授语言知识和培养语言技能为主，文化知识教学未得到应有的重视。二是重文化知识学习，轻文化内涵理解。部分教师在开展文化教学时更多的是关注学生对表层文化知识的学习与掌握，忽视了对文化知识背后文化内涵的理解，导致学生的文化学习浅表化。三是重文化知识说教，轻文化感知与体验，部分教师在进行文化知识传授时更多采用说教的方式，忽视了引导学生对文化知识进行感知、体验、内化并传承。

文本是一个载体，重要的是围绕知识的学习和探索展开的合作探究活动。

◆ 依据个性化学习资源进行劳动育人探索

如何在英语教学中达成育人目标？程晓堂教授在《义务教育课程标准（2022年版）课例式解读 小学英语》一书中给出了五点建议，其中一点就是：紧密联系学生的实际生活。对于基础教育阶段的学生来讲，贴近生活的学习内容更容易被他们接受和理解，也更容易引发共鸣。要想实现育人方式的生活化转变，就必须将学习内容与学生的真实生活联系起来。课堂教学应尽量联系学生的实际生活，既要关注学生的学校和学习生活，又要关注学生的个人生活、家庭生活和文化生活。

教学方式的生活化转变要求教师将生活中人与人的双向互动交流方式带入课堂，可采用启发式与互动式的教学方式，促成与学生的生活化的交流。通过设计对话等教学活动，调动学生的主动性，引导学生进行问题导向学习、合作学习和自主探究学习，使学生成为主动的课堂参与者和体验者。（程晓堂，2022）

那么，以什么样的方式来联系学生的实际生活呢？教学方式的生活化又要怎样操作呢？《义务教育英语课程标准（2022年版）》中有这样的阐述："注重开发和利用学生资源。学生资源包括每位学生的生活经历、学习体验，以及他们丰富的思想和情感。教师应充分认识、利用和开发好学生资源，通过创建开放性的师生、生生互动的交流和分享平台，有效激活并利用学生已有的知识、经验、想象力和创造力，引导学生建立和利用自己个性化的学习资源，并以适当的方式进行交流与分享。"

在鲁科版教材四年级下册Unit 2 Housework的学习中，笔者对学生的生活经历和学习体验类资源进行了开发、利用，联系学生的实际生活，进行劳动育人的探索。

◎ 单元内容分析

本单元的内容围绕"Housework"这一主题展开，涉及五个语篇，都是配图对话。

语篇一是小学生日常生活对话。标题是"Can you clean the windows？"。Li Ming在妈妈的号召下和Danny一起做家务，妈妈询问Li Ming能否洗鞋，询问Danny能否擦地，他们根据自己的实际情况给了答复，Danny不会擦地，他说自己没有做过。

语篇二是小学生日常生活对话。标题是"What are you doing？"。内容围绕Li Ming一家做家务展开。妈妈在洗衣服，爸爸在厨房做饭，Li Ming在往餐桌上端饭，Danny在浇花。每个人都各司其职，做自己力所能及的家务。

语篇三是小学生日常生活对话。标题是"What's mum doing？"。Li Ming在电脑前忙碌，询问Danny，爸爸、妈妈在做什么，Danny回答妈妈在洗碗，爸爸在清理厨房。这时，妈妈问他们在玩电脑游戏吗？Li Ming向妈妈展示，原来他给妈妈做了电子生日贺卡，妈妈表示开心和感谢。

语篇四是小学生日常生活对话。内容是Peter来找Li Ming玩，询问Li Ming在干什么，Li Ming回答在做饭。Peter表示惊讶，Li Ming让他进门来看一看。Li Ming告诉Peter自己在做面包，这时发现Danny在一旁津津有味地吃着美味的面包。

语篇五是配图对话。标题是"Wait a minute."。讲述了小女孩Sue的爸爸妈妈在做家务时，让Sue和弟弟帮忙，但Sue和弟弟总是说："Wait a minute."于是，爸爸、妈妈想出了一个办法，当Sue和弟弟饿了，想要吃午饭时，爸爸、妈妈也一起说："Wait a minute."借此给Sue和弟弟一点启发。

◎ **语篇研读**

鲁科版教材四年级下册"Unit 2 Housework Lesson 1 Can you clean the windows？"语篇研读如下。

What：本课语篇为Li Ming、Danny和妈妈谈论家务劳动的问题。

Why：作者通过描述Li Ming和Danny、Mum的对话，来引导学生学会情态动词can的运用，并引导学生思考自己是否会做一些简单的劳动。

How：该语篇比较简短，涉及谈论劳动的词汇询问时使用的核心语言Can you...？以及回答时使用的核心语言是本课语篇的重点。学生学会运用这些句式来询问对方是否会做并做好家务，具有现实意义和教育意义。

◎ **学情分析**

经过一年半的英语学习，四年级的学生在观察能力、思维能力、语言表达能力方面都有了一定的基础。教师可以充分利用学生已有的知识储备和具备的能力，创设更多的贴近学生生活的语言情境，使新知与旧知进行有机结合，拓宽学生活动的空间，开阔学生视野，让学生在真实的情境中自然习得、自然运用、大胆实践，形成积极的学习态度和提升自主学习能力。

同时，在教授知识的过程中，教师也要注意挖掘本话题的情感目标，使情感价值目标始终贯穿于整节课。

通过以上的分析，笔者进行了以下思考。

思考一：这一单元中，以家人们分担做家务为明线，串联起了对不同的家务词汇、句式和语篇的学习；暗线则是通过展示 Li Ming 一家人对家务的分担的场景，分享他们幸福、和谐的家庭生活。怎样才能让学生通过对语言知识和语言技能的学习，将热爱劳动、分享幸福生活这一价值观与学生自身的知识、经验、情感态度结合起来呢？

思考二：怎样依据学生个性化的学习资源进行劳动育人探索呢？

◎ **语篇的主题意义**

对本单元的主题意义提炼为：Share Housework，Share Happy Life。

◎ **教学目标**

通过本课时的学习，学生能够：

（1）在看、听、说的活动中，获取、梳理对话中所交流的家务劳动；在问题的引导下，借助思维导图形成结构化知识。（学习理解）

（2）在教师、图片、语言支架的帮助下，分角色表演对话。（应用实践）

（3）结合自身实际，运用语言支架与同伴交流、介绍自己一天的家务劳动。（迁移创新）

（4）在教师的帮助下，将所学的知识内化并迁移到"我是劳动小能手"的情境中；通过体验与内化主题意义，将文本主题意义与自己的生活相关联，形成感悟和产生共鸣，进而进行表达与创造，提高对劳动的认识。（迁移创新）

◎ **课堂教学案例**

《义务教育英语课程标准（2022年版）》中提到："教师要通过感知与注意活动创设主题情境，激活学生已有知识经验，铺垫必要的语言和文化背景知识，明确要解决的问题，使学生在已有知识经验和学习主题之间建立联系，发现认知差距，形成学习期待。"

学习"Lesson 1 Can you clean the windows？"时，课文中的第二幅图画的语言框架是"Can you clean your shoes？Yes，I can."。笔者要教授"Can you...？Yes，I can. / No，I can't."这一句式，笔者边做擦桌子的动作，边问学

生："Can you clean the desk？"他们纷纷回答："Yes，I can."笔者走到旁边的卫生角，边拿出扫帚和拖把，边问："Can you clean the floor？"学生中有人稍稍迟疑，嘉瑞则大声地回答："No，I can't."笔者先拿了扫帚，对他说："Come here！Let' clean the floor together."他走到讲台前，笔者一边详细地示范怎样扫地，告诉他怎样拿扫帚，怎样才能扫得干净，一边问他："Can you clean the floor now？"他很高兴地回答："Yes，I can."这时笔者再问其他同学："Can you clean the floor？"全班同学齐声回答："Yes，I can."这时，笔者想起平时在班级里拖地时，浩雁、刘畅都拖得很干净、很细致，于是让他俩到讲台前做示范，讲解怎样拖地，然后问道："Can Haoyan and Liu Chang clean the floor？Can they do it well？"学生给予了肯定回答，他俩也很开心地笑了。笔者再分别问他俩这个问题，他们很响亮、很自豪地回答："Yes，I can."

这样一个小小的插曲，不仅将语言知识与学生的实际生活结合起来了，更是借助文本的知识，解决了部分学生在生活中愿意参加劳动却掌握不好技巧的问题，提高了学生的劳动积极性，鼓励了学生参与劳动、热爱劳动、熟练劳动的积极体验。

这样一个小小的插曲，学生的学习热情就高涨起来了。紧接着，笔者问："Can you clean the windows？"雪晨肯定地回答了这个问题，笔者让她到窗前拿着湿巾示范一下，边问其他同学："Can she clean the windows？"学生响亮地回答："Yes！"笔者又问："Can she do it well？"学生再次回答："Yes！"然后笔者引入语篇文本："Can Danny clean the windows？"学生回答："No，he can't. He can clean the floor."笔者又一次追问："Can Danny do it well？"学生回答："No，he can't."语篇的文本到此就结束了，但显然这是一个留白之处。怎样处理好这个留白，引导学生热爱家务、做好家务，在他人遇到困难时热心帮助呢？笔者先追根溯源，追问Danny拖地拖得不干净的原因："Why？"学生用汉语回答："他太矮了，够不着。""他没有拖过地，不会拖。""地上水太多，他弄不好。"笔者再次引导学生观察图片中Danny的表情，继续追问：当Danny拖地拖得不干净的时候，How does he feel？他的心理感受是怎样的？猜想一下，Li Ming会对Danny说什么？Danny又会怎样回答？学生用"Don't worry. Let me help you." "Try again."这样的语句来安慰帮助Danny，而Danny也及时表达了自己的感谢。这些课堂中的生成，都是文本之外的内容，也是四年级上学期学习过的语言知识，但是学生能够猜想到Danny的感受并共情，能用掌握的语言知识进行恰切的表述，是笔者意料之外的惊喜。

小学英语对话简单，但隐含着大量的信息，为学生留下了思考和自由发挥的空间。作为教师，不仅要引导学生解码文本表层信息，还要在留白处设计问题，深入挖掘信息，让学生依托语篇提供的信息发挥想象，对语篇所表达的意义进行进一步的拓展和迁移，与学生的实际生活相联系，与学生的真情实感相融合，这样才能引起学生的共鸣，才会产生真实的教育意义。

◎ 教后反思

教课，全身心投入，用生命歌唱，是一种境界，一种诲人不倦，乐育英才的境界。这种教学境界的出现是要努力攀登的。这种攀登不只是技能技巧上着力，更是理想信念的攀登，学术专业的攀登，对专业对学生"沧海自浅情自深"。

——于漪《于漪知行录》

教材对于教师来说如同演出的脚本，成功的演出，往往要在脚本的基础上进行再创作，教师是教材的执行者，解读时只有融入自我的个性思考，才能真正做到用教材教，而不是教教材。换句话说，要建立"教师就是课程"的意识，同样的一个教材内容可以呈现出多种不同的优秀形态，这就是教师个人素养的作用。

将"育人"蕴藏于课堂教学之中，做细、做实，做到"润物细无声"，我们仍然有很长的路要走。

第二节 为学生设计灵动的课堂活动

《义务教育英语课程标准（2022年版）》在"课程实施"部分有这样的教学建议：要秉持英语学习活动观来组织和实施教学。教师要充分认识到学生是语言学习活动的主体，要引导学生围绕主题学习语言、获取新知、探究意义、解决问题，逐步从基于语篇的学习走向深入语篇和超越语篇的学习，确保语言学习的过程是学生语言能力发展、思维品质提升、文化意识建构和学会学习的成长过程。

教学设计与实施要以主题为引领、以语篇为依托，通过学习理解、应用实践和迁移创新等活动，来引导学生整合性地学习语言知识和文化知识，进而运用所学知识、技能和策略，围绕主题表达个人观点和态度，解决真实问题，达到在教学中培养学生核心素养的目的。

❖ 在体验式课堂中进行饮食文化探究

在对鲁科版教材四年级下册Unit 3 Restaurant进行教学之前，笔者对教材文本和学情做了以下分析。

◎ 课标分析

（1）语言能力：能借助图片、视频、绘本等方式，围绕"Restaurant"主题，学会并运用语言进行交流，表达自己对饮食的喜好、需求。

（2）文化意识：能借助图片、视频、思维导图等方式来获取中外饮食文化信息，感知不同文化背景下人们的饮食习惯、饮食文化的差异，培养身份意识和国家认同感，增强文化自信。

（3）思维品质：能通过对图片、视频、思维导图的观察获取信息，了解中西餐的特点，辅助对语篇意义的理解；能根据个人经历表达对饮食的喜恶，初步具有问题意识，知晓一问可有多解。

（4）学习能力：能在学习活动中尝试与他人合作、共同完成学习任务；能在学习过程中积极思考，发现并尝试解决语言学习中的问题。

（5）学业质量标准：能与他人互动交流，表达饮食喜好、需求，正确、文明地进行点餐；能通过简短语篇了解中外饮食习惯和饮食文化，初步比较饮食文化异同。

◎ 学情分析

学生在三年级下册第一单元"Food and Drinks"中，已经学习了部分食物类、饮品类、水果类的词汇，掌握了句型"Would you like...？""Yes.I'd like..."的运用。围绕本单元"做烟台美食节的志愿者"这一驱动性问题，学生将继续学习食物类、水果类的词汇，学会运用新句型"What do you want to eat？""What would you like？""Would you like something to drink？"来正确、文明地进行点餐，并要了解相关的饮食文化知识，以满足志愿者工作要求。学习中存在的困难、障碍主要是怎样将以前所学知识与现在所学知识相融合，形成完成驱动性任务的综合能力，运用所学语言来完成志愿者工作。四年级学生经过一年半的英语学习，已经具备了一定的自主学习和合作能力，对英语学习也有了兴趣。本单元的主题又与我们的生活息息相关，读图、看视频、完成思维导图、表演、竞赛等一系列活动设计，能激发学生参与学习、参与活动的热情。

◎ 教材分析

本单元内容围绕"Restaurant"这一主题展开，涉及四个语篇，包括三个配图对话和一个绘本故事。

语篇一是日常生活对话。中午Tom饿了，妈妈问Tom和爸爸Jack午饭想吃什么，Tom回答想吃饺子，而爸爸Jack想吃面条，但妈妈不会做中国饭菜，所以一家人商量要出去吃。

语篇二是日常生活对话。Tom一家来到了中餐厅，服务员询问爸爸Jack想吃什么，爸爸点了面条和水饺。Tom问妈妈想吃点什么，妈妈点了米饭和土豆。服务员又询问妈妈要不要喝点汤，接着妈妈又点了西红柿汤。服务员最后确认了Tom一家所点的餐食并告诉他们稍等片刻，Tom一家表示感谢。

语篇三是日常生活对话。Li Ming一家到西餐厅吃饭，服务员询问他们想吃什么，爸爸回答想要一个大比萨，Li Ming想要两个小蛋糕。服务员又询问Li Ming妈妈想喝点什么？妈妈回答想要梨汁。Li Ming也想要梨汁。饭后爸爸又让他们吃了一些自己喜欢的水果。

语篇四是丽声北极星分级绘本（山东五•四学制版）四年级下册中契合本单元主题的绘本故事*Dining with dragons*。小火龙生日这一天，他想吃点不一样的美食，因此火龙一家来到了一家汽车餐厅，可当他们取餐时，人们因为害怕火龙，立刻关上了窗户，火龙一家没能吃到汉堡。于是，火龙妈妈带着他去了一家比萨餐厅，可是依然没有得到他们想要的食物，最后妈妈决定打电话预定。火龙一家终于进到了一家自助餐厅，在饱餐一顿后，主动地找到藏起来的收银员结账。遵守就餐礼仪的火龙们，用他们的行动得到了大家的喜爱和欢迎。

◎ **课前思考**

鲁科版教材四年级下册Unit 3的主题是"Restaurant"，主要内容是谈论饮食并表达自己和他人的饮食喜好。内容分别是"Lesson1 I want to eat noodles. Lesson 2 What would you like? Lesson 3 Would you like something to drink? Lesson 4 Again, please！"。涉及：询问并表达对食物的喜好和需求，询问并表达对中餐的喜好和需求；询问并表达对西餐的喜好和需求，感知中西方饮食文化的差异及融合；学习点餐用语，感受就餐礼仪。在三年级下册第一单元的Food and Drinks中，已经讨论过对食物的喜好、对食物饮料的归类；情境的创设包括吃早餐、在超市购买食材、在快餐店喝饮料、在飞机上点饮料、野餐等。学生对在不同的场所谈论食物已经有了初步的了解。

第一个思考：情境主线是什么？

本单元的话题是"Restaurant"，本课的题目是"What would you like？"课堂的关注点立足这一话题，将三年级学过的Food and Drinks与本单元的内容进行纵深的分析，挖掘层次性和延展性。横向上，对本单元的四课内容进行平行分析，关注关联性和延续性。笔者将单元整体内容连贯起来，设计了这样一个情境：Tom一家来到"烟台美食节"，同学们做"家乡特色美食推荐官"给他们推荐美食，并以"烟台美食节志愿者""最佳文明食客""最佳美食团队"这一驱动性任务贯穿整个单元。通过设置任务清单，分层逐级地完成相应任务，使学生最终成为一名优秀的志愿者，为美食节服务。从最初的学习服务技能到最后的成果展示，这种情境加主线的方式具有一定的创新性和连贯性。学生在驱动性任务的引领下，获取、梳理语言和文化知识，对点餐语言及中西方饮食文化有了具体的感知，在表演、补充思维导图等应用实践中内化所学的语言和文化知识，在调查、小组合作中运用所学知识创造性地解决现实生活中的问题，使核心素养真正落地。

第二个思考：主题意义是什么？怎样落地？

◎ **语篇的主题意义**

通过对单元整体架构的分析及对文本和图片等细节的深入分析，提炼单元的主题意义为关注饮食需求，感知中西方饮食文化差异与融合，正确、文明地点餐，就餐。

◎ **教学目标**

通过本单元的学习，学生能够：

（1）通过表演、小组合作等形式，学会询问和回答人们对食物的喜好和需求，初步具备了解他人饮食喜好的能力。

（2）与同伴合作交流，询问并表达对中餐和西餐的喜好和需求，学会正确、文明地点餐，了解中西方饮食文化，感知中西方饮食文化差异及其融合，增强文化自信，形成对中西方饮食文化、饮食健康的初步认知，树立国际视野。

（3）结合图片、关键词等信息，梳理故事脉络，感受不同餐厅的就餐礼仪，学会文明地点餐、用餐，提高对就餐礼仪重要性的认识。

◎ 任务设置

教师要有意识地为学生创设主动参与和探究主题意义的情境和空间，使学生获得积极的学习体验，成为意义探究的主体和积极主动的知识建构者。根据不同学段学生的年龄、认知和语言发展水平，设计由浅入深、关联递进、形式多样的学习活动，以及与目标对接的评价活动。评价活动要贯穿教与学始终，注重考察学习结束后学生对所学语言知识和文化知识的综合性运用、对主题意义的理解、对个人观点和态度有理有据的表达，树立正确的价值观，确保达成课程目标。

基于课标，课堂上的教学活动和任务驱动都以"参加美食节"这一情境为主线，围绕主题意义，层层递进、不断深入。

在"家乡特色美食推荐官"活动中，进行了这样的活动设置：首先是学生向Tom一家推荐家乡特色食物。学生在图片支架的帮助下，谈论家乡的特色美食，体现对家乡饮食文化的自信。比如海阳市的tomato（海阳西红柿），蓬莱区的noodles（蓬莱小面），莱阳市的pears（莱阳梨），烟台市的apples、cherries、sea food、steamed bun、*jiaozi*（苹果、樱桃、海鲜、馒头、饺子）等，并渗透本地饮食文化，如非遗胶东大饽饽等。

接下来是小组合作，设计、推荐家乡特色美食菜单，根据中餐饮食习惯及食物营养特点推荐健康搭配饮食，利用学习到的语音知识和"合理点餐""文明就餐"等相关技能，进行开放式的沟通与交流。结合文明就餐礼仪，在组内模拟堂食和外卖点餐服务。不仅学生的英语交流能力能得到锻炼，其英语思维品质、英语文化意识以及英语的学习能力也能得到提升。

◎ 课堂教学案例1

今天上课，要表演"Unit 2 Restaurant Lesson 1 I want to eat noodles."活动，基本情境为中午Tom饿了，Tom和爸爸想吃中餐，但妈妈不会做中国饭菜，他们决定去美食节现场品尝美食。

活动要求：

（1）Group work。学生自由结对成组，对情境进行合理再构，体验"美食节"。组内成员分成两部分，轮流以志愿者与食客两种角色进行"点餐""就餐"的实时交流，获得美食节的体验。各组根据每位成员的实际表现，结合评价表格进行组内互评，选出每一小组的"Best volunteer"（最佳志愿者）与"Best customer"（最文明食客）。

（2）Show time。首先，各小组分别以表演的方式进行"体验美食节"过程中精彩内容的课堂展示。然后，学生根据每组的实际表现，运用小组间互评的方式，选出本届"美食节"中的"Best team"（最佳美食团队）。

（3）Summary and Awarding。结合学生在本单元中的整体学习过程和最后的成果展示进行综合性的评价总结及颁奖活动。

昨天布置表演作业的时候，涵霏这一组就开始做准备了，迅速地分配好了四个人各自的角色，开始商量用什么样的语言、什么样的动作和表情进行表演。他们把要添加的语言都写下来，反复操练，整个组的活动紧张、有序。还有嘉瑞组、青玮组、婉淇组，都在热火朝天地忙碌着。因为之前表演过多次，学生们都知道怎样分配角色，难度大、语言多的角色就由英语水平高点的同学担任，英语水平有困难的同学就说些简单的句子，但是可以用手势和肢体语言来弥补，同样生动。总体水平高些的组，就在丰富语言和创设更生动的情境上下功夫；总体水平稍弱的组，他们也会自己删减内容，或者替换难度小的语言。这些都由他们自己做主，实现个性化创编。

表演开始了！涵霏组率先齐刷刷地举起了手，上来先大大方方地介绍角色，恩诺一边摸着肚子一边有气无力地说："I'm hungry, mum."涵霏回头看了一下时间，指着钟表说："Oh, It's eleven thirty. It's time for lunch. What do you want to eat？"……表演就这样开始了。不仅用到了本节课的语言知识点，还创编了三年级学过的询问时间等知识点，落落大方、语言流畅、丝毫不生硬，等他们鞠躬道谢时，同学们给了他们热烈的掌声。

嘉瑞组同样不逊色，增添了他们的朋友Danny这个角色。Tom打球时遇见了Danny，两人打招呼，邀请他到家里来吃饭，询问他喜欢吃的食物，"美食节"正在举行，大家决定去吃当地的美食。他们在很短的时间内完成了创作，语言添加合理，表演得一丝不苟。

看完大家的表演，子怡举起了手，问："老师，我可不可以换个情景，我们不出去吃饭行吗？Tom的妈妈后来学会了做中国食物，我们在家吃可以吗？"这句话一下点醒了笔者，说："你这个创意太好了！Tom的妈妈看到大家都喜欢吃中国食物，她经过努力学会了包饺子，还学会了做胶东美食，他们完全可以在家里吃中餐啊！"这一句话同样点醒了班里的同学，他们纷纷要求再给点时间重新组织一下语言。很快，涵霏组又准备好了，举手要求再表演一次，震笑着说："老师，他们这是2.0版出来了。"笔者也笑了，这个词形容得好。很快，同学们的2.0版本都准备好了，然而，也快要下课了。同学们不甘心地放下了高举的手，笔者说："同学们，你们这下有时间回去准备3.0、4.0版本了。"学生一听，又笑了起来，对呀，这下可以做充分的准备了，笑声中，夹杂着讨论声和分配任务的声音，铃声响了，下课了。明天的课，可待。

第二天的课文表演中，笔者给予了大家充分的自由：自由组队、自由创编、自由发挥。昨天的版本是1.0、2.0，今天的版本用震的话说是8.0了，因为他们已经自己升级了好几个版本，练过好多遍了。嘉瑞组组团表演，组员有11个人，他说："好多新人都想加入我们组，于是人越来越多。"人太多了，他们就结合"美食节"的单元整体情境，创设了Tom过生日邀请朋友们去美食节吃饭的情景，从点餐的语言到礼仪、从食物的多元化到特色性，将中西方饮食文化的差异和地方饮食文化进行融合，表达虽稚嫩，但颇具特点。表演结束之后，全班同学给予了热烈的掌声，震边鼓掌边说："太真实了！"嘉瑞说："人太多了，以前排练的都不适用了，这次好多是临场发挥现编的。"笔者表示了惊叹，临场发挥水平都这么高！

◎ **课堂教学案例2**

教师要根据学生的认知特点，设计多感官参与的语言实践活动，让学生在丰富、有趣的情境中，围绕主题意义，通过感知、模仿、观察、思考、交流和展示等活动，感受学习英语的乐趣。引导学生采用多种学习方式，发挥自己的优势和特长，发现自己的兴趣和潜能，提高学习效能感。教师要把学生的努力程度、学习态度和素养表现作为评价的主要指标，善于发现学生的学习优势，及时肯定其取得的进步，悉心指导学生克服困难、解决问题，提高其学习自信心。

在"Lesson1 I want to eat noodles."和"Lesson 2 What would you like？"两课的学习中，笔者重点引导了学生读图，关注图片和文本的细节，比如：Tom回家说饿了，妈妈看了看墙上的钟表说："Oh，It's time for lunch."文本中没有提到具体的时间。但是对于时间的问答，是三年级学过的知识。上课时，笔者增加了问题"What time is it？"，引导学生仔细读图，学生看图之后，很兴奋地回答："Eleven thirty."笔者提示大家完整回答，马上有学生反应过来，回答："It's eleven thirty. It's time for lunch."

在"Lesson 2 What would you like？"的情境中，Tom一家去中餐馆吃饭，笔者展示图片，提问："Who are they？Where are they？"学生纷纷回答了第一课的故事背景："Tom comes home. He is hungry. It's eleven thirty. It's time for lunch. Tom wants to eat *jiaozi*. But mum can't cook Chinese food. They want to eat out. Now，they are at the restaurant."这时笔者提问："Are they at a Chinese restaurant or a western restaurant？"学生经过观察之后，纷纷回答："中餐厅。"笔者再次引导学生仔细读图："How do you know that？"震的手举得高高地说："灯笼！"圣韬的手举得更高，说："Windows！"旁边还有的学生在补充："灯笼和扇形窗子都是中国式的，所以是在中餐馆。"艺博急切地举着手说："筷子！他们的桌子上有筷子！"笔者仔细地看了看PPT上的截图，咦！没有筷子呀！这时子怡也满眼急切地大声说："老师，PPT上没有筷子，但是书上的图片上有。"笔者低头一看，果然，书上的图中，每个人面前都摆着一副筷子。笔者大加赞赏他们读图读得非常仔细，同时，也很惭愧自己备课不够细致，没有观察到这个细节。这个意外的发生说明，上课时学生的思维已经被完全调动了起来。

现在每天上课，都有点期待意外的发生，看到学生在课堂上那样积极、活跃地操练表演，一张张小脸上洋溢着光彩和愉悦，笔者的心里，满满的全是幸福。

◎ 教后反思

本单元教学在基于教师创设的主题情境的引领下，立足文本和学情，依托家乡资源，开展了丰富多彩的课堂活动，使学生参与其中，呈现出了精彩的英语课堂，不仅能够激发学生对中西方饮食文化差异的兴趣，更是在倡导健康饮食的前提下，在家乡美食节的志愿活动中，培养了学生服务社会、造福家乡的意识。学生在真实情境中学习语言，既有深度，又有温度。

课堂要以问题清单来引导，既有逻辑力量，又有核心价值。要让学生真正经历课堂，不要成为旁听者，磕磕绊绊的课堂才有价值，才能触动人的灵魂。不要怕出错，错才有价值、才有生成。育人、育心的课堂，才是真正的教育。

不是因为有希望才坚持，而是因为坚持了才有希望。

◆◆ 尊重学生差异，寻找课堂活动的起点

课堂活动的起点是基于教师对学情充分的预设。"了解学生的现有知识起点，判明学生可能达到的发展水平"是课堂活动成功组织的重要前提。所以，一位合格的英语教师应该清楚学生的"已知"，确定学生的"未知"在哪里，然后用适切的课堂活动搭建起两者之间的"桥梁"。

所以，有效的课堂活动的起点应既着眼共性，又关注差异。教师既应在课前教学预设时用各种方法了解学情、了解学生差异，摸清学生的"底细"，又应在课堂真实推进过程中动态地把握和助推学习差异，让课堂在学生实际的起点上"启航"。

《义务教育英语课程标准（2022年版）》在"课程实施"部分有这样的教学建议：教师要充分认识到现在信息技术不仅为英语教学提供了多模态的手段、平台和空间，还提供了丰富的资源与跨时空的语言学习和使用机会，对创设良好学习情境、促进教育理念更新和教学方式变革具有重要的支撑作用。

要将"互联网+"融入教学理念、教学方法、教学模式中，深化信息技术与英语课程的融合，推动线上、线下学习相结合，提高英语学习效率。

◎ **课堂教学案例1**

三年级刚接班时，针对同学们英语朗读发音不准、很难每天坚持朗读等问题，笔者想了这样的一个方法：把朗读语音发给每位学生，学生可以对照练习，并在家长的帮助下进行录制，自己听自己的朗读语音，再跟笔者发的朗读语音进行对比，两相对照，取长补短。笔者晚上会把家长们录制的语音听一遍，对朗读特别流利地道的、进步特别大的、有明显优点的、有明显发音问题的，都进行一一点评。用这种形式，让学生知道哪些是自己已经学会的，哪些是自己没有学会的，还有哪些是自己不会而别人会的，这正是每位学生真实的学习起点。由于每位学生的学习起点不同，不同学生便产生了不同的疑问。

经过前一天课堂上的学习和指导，学生会清楚地知道自己什么地方会，什么地方不太会，什么地方还需要教师再教一下才能说得准确、流利。在第二天的课堂上，笔者在组织教学环节时就会进行Free Talk，学生两两组合，进行自由会话，有的学生组合水平旗鼓相当，他们可以进行非常流畅的交流对话；有的学生属于强弱搭配，实力强的一方会担任小老师的角色，一个学生不会的地方恰恰是另一个学生会的，信息差的产生会使双方的互动和交流成为可能。笔者在他们交流的过程中，进行巡回指导，观察学生在交流、询问的过程中呈现的信息——哪些是大多数学生都学会了的？哪些是学生普遍不会的？哪些是个别学生不会的？原因是什么？然后进行讲解，最后让同学们展示他们的学习成果。

毅在挺长一段时间内，朗读的水平都在班级平均水平之下，有的词汇和句子读起来很生疏。但是一段时间以来，他上课非常积极地跟读，朗读的正确率越来越高，积极性也越来越强。第二天课前的Free Talk，他跟同桌讨论得非常积极，有时俩人都不会的，就很主动地问笔者，然后又很认真地进行反复练习。今天复习第一单元第二课的课文，笔者提问时，一转头就看见了毅的目光，那目光中带着期待和跃跃欲试，还有些紧张和不自信，看情形，他应该是经过一定程度的练习了，那就让他展示一下吧！让笔者惊喜的是，他背得非常流利，仅有个别单词读得不太标准。笔者自然而然地表达了赞美和认可，他很惊喜，整整一节课，都很专注。

笔者又试着提问了几位平时朗读不太流畅的同学，都让人感到惊喜。笔者毫不吝啬地赞美他们，这几位学生看着笔者，既羞怯又欣喜。究其原因，一是朗读形式调动起了同学们的积极性，他们对这种形式感兴趣，并能够为之努力，在空余时间能自觉地朗读课文；二是坚持，简单的事情重复做，重复的事情用心做，用心的事情坚持做，久久为功，自然就会有很大的提升。

任何知识的学习只是一种载体，教育就是要通过这种载体，在过程之中培养人的品格，成长是多元、多维度立体进行的，作为教师，千万不能用简单、统一的尺子去评价所有的学生。像毅，他在校毽子队里，毽子踢得灵活极了，毽子像是长在了他的脚上一样，闪展腾挪，怎么也掉不下来；跳绳跳得也极好，各种花样跳得风生水起，一分钟跳绳能跳到200多下，花样跳绳数他的花样最多、时间最长。他跳绳和踢毽子的时候，整个人都是神采飞扬的，脸上全是自信和张扬，他在自己擅长的领域获得了成就感和别人的尊重，同时，也在他不太擅长的英语朗读方面，通过自己的努力，可以在原有的基础上有进步，能够实现"跳一跳就能摘到果实"，二者都是他的成长。

◎ 课堂教学案例2

最可圈可点的是一位学困生大翔的变化。他上课的主动性很差，常常借着找书、找本子的名义在桌子底下半天不出来，上课也不听讲，不记笔记，各种方法都用了，效果也不明显。自从在班里进行课本剧表演的尝试后，让笔者没有想到的事情发生了。

一天，大翔看到别的同学都已经组织了自己的课本剧表演团队，他很着急，可是他会的句子不多，前后两个队的人员都满了，怎么办呢？大翔自己想出了办法，他急着问笔者："老师，这个表演加个旁白行不行？"笔者说："你还知道旁白？你想加什么旁白，完全可以啊！"他指着题目说："就加这个旁白，报题目。"笔者一听乐了，笑道："很好的方法啊！加吧！"就这样，他主动为自己找到了角色。表演时，"What would you like？"这一句话他还是不太自信，说得不利索。笔者说："你可以拿着书读啊！"于是，他急切地回到座位拿上书，又快步走到台前，生怕自己说晚了。等他磕磕巴巴地说完了，表演开始了，笔者偷眼一看大翔，他还笑眯眯地沉浸在刚刚的旁白中呢。

这件事给大翔的触动不小，当天课上的练字写单词，他写得又整洁、又规范。笔者在他的作业本上批注："写得非常棒！"总结的时候，还没等点到他的名，他就急不可待地宣布："还有我！我写得也好！"让人忍俊不禁。

教师要练就敏锐的目光，发现学生身上的优点、特点，哪怕是思想言行有较多毛病的学生，身上也蕴藏着闪光的东西。教育的任务就是长善救失，要充分肯定和发扬他们的长处，在成长过程中逐步弥补自己的不足。任何教师都无法代替学生的成长。

——于漪《于漪知行录》

◎ **教后反思**

这些教育案例，引起笔者的反思：如果教师能从课前预设到课中观察，用多种方法，通过组间互动、师生互动、生生互动等形式，在"已知"和"未知"之间搭建桥梁，在课堂活动动态生成中予以调整和补充，就会引发不同学习层次学生的"自主建构"和"精彩生成"。这不仅为在班集体教学条件下最大程度的关注学生差异找到了一个课堂教学的新视角，而且还将课堂活动带入了"尊重差异，依学而教，互动共生"的新境界中。

如果把学生比作植物，可能有的学生是一朵花，有的学生是一棵树，还有的学生是一株草，形态不同，色彩不同，品类也不同，但他们都是一个独立的个体，以色彩斑斓的形态存在，各有各的色彩、各有各的独特，正因各不相同，才成就了美的多元和丰富。我们作为教师，能做的，就是指引给他们阳光的方向，在他们需要的时候，浇水、施肥，让他们以自己擅长的方式去体验、去成长。

第三节 为学生创设多元立体的评价方式

《义务教育英语课程标准（2022年版）》中指出：教学评价要体现多渠道、多视角、多层次、多方式的特点。评价应充分关注学生的持续发展。教师应始终在关爱、信任、尊重的气氛中，从发展的视角、以发展的眼光、用发展的观点来评价学生，不但要重视学生过去的学习情况，更要着眼于学生现在和未来的发展，体现评价的增值性。评价还应充分关注学生的个体差异。注重对学生学习过程、认知过程和成长过程的评价，帮助每位学生在原有基础上实现发展。

◈ 对改进评价机制的初步探索

作为教师，我们采取的各种各样的激励措施都不是万能的，即便是很好的方法，时间久了，学生也会出现疲沓情绪，课堂上的参与意识就会减弱。这个时候，就需要换一个角度，采用另外一种方式，来调动课堂上的积极性。所谓"万变不离其宗"，育人的宗旨不变，但是方法却是可以千变万化的。

通过学习《义务教育英语课程标准（2022年版）》，笔者有了一个主意，那就是：改进评价机制。

笔者买了一些小本子，还买了给学生盖印用的印章，上面有的刻着"加油"，有的刻着"优秀"，还有的刻着"你真棒""值得表扬"。下一步就是制定规则：默写的单词小卷，每攒够5个100分就可以换一个小本，这个小本可以作为作业记录本，攒够10个100分还可以换其他奖品，比如一个小奖状、一支笔，或者是一个心仪的小文具。没有想到小小的奖品对学生有如此大的吸引力，他们不光把奖品作为物质奖励，更认为那是教师对自己的认可。常常会有同学自豪地说："我回家要分享给弟弟或者妹妹！"课间的时候，笔者看见军祥翻箱倒柜地翻书、找书包，在干什么呢？笔者很好奇。等他拿着一沓默写小卷上来，笔者才明白：原来他在找5个100分的单词小卷。他没有按照笔者的要求把100分排列起来，放在英语书的书皮里，而可能是随意卷成一卷放在书包里了，所以找的时候就比较费劲。笔者让他把默写小卷捋平、排列起来，再交上来，他自己挑了一个小本，心满意足地拿着回座位了。

不光默写采取这种形式，背诵也可以采取这种形式。规则是：晚上布置的背诵，第二天抽查时，如果背诵得特别好，就在书的第一页盖上一个"你真棒"的奖章，10个奖章就可以换个小奖状，回家可以贴到房间的墙上。如果哪位同学课堂上发言非常积极，课堂表现得非常好，那么下课的时候也可以盖一个奖章。同学们的热情被点燃，争着、抢着举手背课文、回答问题，而且声音也特别响亮。每提问一个问题，同学们的小手举得像小树林一样，笔者都不知道叫谁好了。

禹铭以前上课的时候总是歪着身子或者朝后坐，现在叫他背课文的时候，声音又响亮、背得又熟练，背完之后眼睛亮晶晶、笑嘻嘻地看着笔者，笔者都忍不住不夸他。宸睿以前上课就跟老水牛似的，做什么都慢吞吞的，现在上课不光举手迅速，回答问题也迅速，整个人就像加足了马力一样。子萌是个小女孩，坐在第一排，以前上课基本是低着头的，现在上课不仅头抬起来了，手也举起来了，而且还总是在第一时间举手，思维也动起来了。映彤以前上课回答问题时，基本听不到她在说什么，只看见嘴唇动，听不见声音，现在不仅主动举手，而且背诵课文的声音响亮、熟练。还有煜涵和腾远，以前上课时常跟老师不同频，跟不上节奏，现在在课堂上，煜涵课文背得熟练了，声音也大了，如果这个问题他举手了，而又没有被叫到，他会非常失望。

课堂的变化也让笔者思考：为什么学生的改变会这样大呢？因为这种奖励的评价机制使学生认为他得到了教师的认可，教师对他的评价是正向且积极的，他们对自己的暗示是"我能行！我很棒！"积极性很快地被调动起来，能够主动学习了。

我们对学生成长的评价应该是多元的。

学生学习的兴趣，自主学习的意识和习惯，不可能自然生成，也不可能一蹴而过，要靠不断激发，要靠持续培养，要靠努力唤醒。对此，教师责无旁贷，要有所作为。付出的是久盛不衰的热情、持之以恒的耐心和锲而不舍的韧劲。

——于漪《于漪知行录》

◎ 教后反思

对改进评价机制的探索，不应止步于对学生进行物质的奖励或认可。教师们常用小红花、小红旗、小喜报或者其他的小文具来奖励学生，以此来激发学生学习的动力，强化学生积极的行为，在不断地强化中，使学生养成良好的习惯，保持对学习的浓厚兴趣。

这种外在的强化刺激，在短期内会激发学生的学习动力，唤起他们的学习欲望和兴趣。但如果教师没有引起学生对学习的热爱，没有让他们体验到求知的乐趣和成就感，这种兴趣就不会持久，而且还很容易变异，使学生养成对奖励的依赖，即学生为了得到外在的物质奖励而学习，一旦奖励取消，学生的学习动力也会随之消失。

所以，要使学生真正对课堂教学产生兴趣，重要的不是追求那种表面的、显而易见的刺激，而是如何从学生的内心激发动力。苏霍姆林斯基说过："你应当努力使学生自己去发现兴趣的源泉，让他们在这个发现过程中体验到自己的劳动和成就，这件事本身就是兴趣的最重要的源泉之一。离开了脑力劳动，就既谈不上学生的兴趣，又谈不上他们的注意力。"

❖ 对创新作业评价的深入探索

《义务教育英语课程标准（2022年版）》中对"作业评价"做了以下说明："作业评价是教学过程的重要组成部分。教师应通过作业评价及时了解学生对所学知识的理解程度和语言能力的发展水平，为教师检验教学的效果、发现和诊断学生学习的问题、调整和改进教学提供依据。"

"教师应深入理解作业评价的育人功能，坚持能力为重、素养导向。作业的设计既要有利于学生巩固语言知识和技能，又要有利于促进学生有效运用策略，增强学习动机。"

"教师应创设真实的学习情境，建立课堂所学和学生生活的关联，设计复习巩固类、拓展延伸类和综合实践类等多种类型的作业，如朗读、角色扮演、复述、书面表达、故事创编、调研采访、海报制作、戏剧表演、课外阅读等，引导学生在完成作业的过程中，提升语言和思维能力，发挥学习潜能，促进自主学习。"

（一）为学生创设个性化的线下作业

下面以鲁科版教材五年级下册Unit 2 Good Behaviour Lesson 1 Let's stop and wait为例，介绍我们在为学生创新作业评价方面的尝试。

1. 复习巩固类作业

Choose and write.

Li Ming的堂妹Li Mei 来Li Ming家玩。今天天气晴朗，他们打算去动物园游玩。路上发生了哪些事情呢？请根据课文内容完成下面的短文。

Step 1：请根据课文内容完成下面的短文。

Step 2：把你完成的内容，流利地朗读或者背诵出来吧！

Step 3：小组合作，把完成的内容，用表演的形式与同学分享吧！

It's Sunday today. Li Mei wants to go to the zoo. After breakfast，they go out.

They'll go to the zoo by bus. There are many cars in the street.

Mum：Look before you _____ the _____.

Li Ming：The light is red. Let's _____ and _____.

The light is green. Let's _____ the _____.

The bus is coming. Danny wants to get on the bus quickly.

Li Ming：Don't _____. Let's _____.

Now，they're on the bus.

通过此项作业，学生对学过的内容进行了巩固和运用，并且对交通规则有了更进一步的理解，对学生实际生活中遵守交通规则也起到了提醒和重视的作用。

2. 拓展延伸类作业

Design，think and say.

你还了解其他的道路交通规则吗？请根据给出的提示，设计一份文明出行的宣传海报，并给身边的不文明行为提提建议吧！（见表3-1）

表3-1　根据给出的提示设计文明出行宣传海报

Do	Don't
Help the old，please.	Don't push.
Look before you cross the street.	Don't play football.
Look out（小心）for cars.	Don't go skateboarding（滑板运动）.
Let's wait in line.	Don't fly a kite.
Wait on the pavement（人行道）.	Don't run.

Tips：

Step 1：画出海报，写出交通规则，可以上网查阅资料并借鉴交通标识图片。要求：图文并茂。

Step 2：把你设计的海报跟同伴分享一下，并用英文做一下介绍吧！（见图3-1）

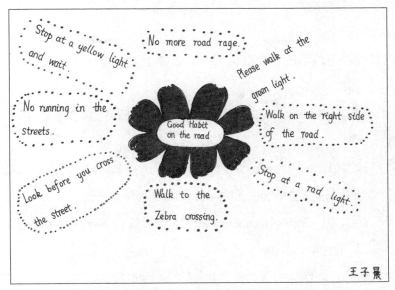

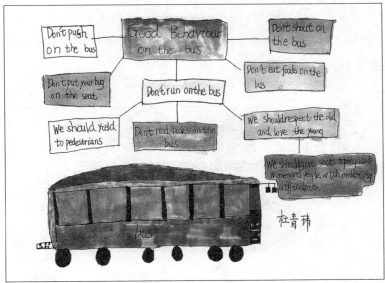

图3-1　海报

通过此项作业，不仅让学生对交通规则的知识有了巩固和运用，还培养了学生的观察能力，让学生学着用一双会观察、会发现的眼睛去认识世界、认识周围的事物。

3. 综合实践类作业

Learn，play and write.

刚刚拿到驾照的小明要自驾去博物馆，路上有许多交通标志，他能顺利到达吗？

Step1. Look and learn. "小小驾驶员"。这些交通标志，你见过吗？我们一起来了解一下吧！

（禁令标志如：No U-turn禁止掉头；No overtaking禁止超车；No entry禁止驶入；No honking禁止鸣笛；No parking禁止停车）

（警示标志如：Traffic lights ahead注意信号灯；Slow down! 注意慢行；Slippery road 易滑；Dangerous! 危险）

（指示标志如：Parking lot 停车处；Go straight直行；Bus lane 公交车道；Turn left 向左转弯；Pavement 人行道）

Step 2.Draw and play. "小小导航员"。请你在小明去博物馆的路上画出合适的交通指示牌吧！（见图3-2）

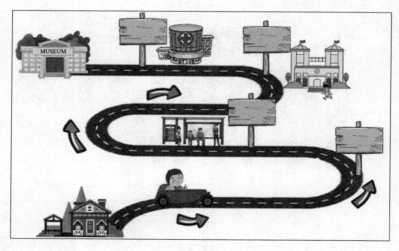

图3-2　交通指示

Step3. Think and write. "小小安全员"。交通法规人人遵守，文明城市处处安全。请你试着写出2—3条道路交通安全宣传标语吧！

1.＿＿＿＿＿＿＿＿＿＿＿＿＿＿＿＿＿＿＿＿＿＿＿＿

2.＿＿＿＿＿＿＿＿＿＿＿＿＿＿＿＿＿＿＿＿＿＿＿＿

3.＿＿＿＿＿＿＿＿＿＿＿＿＿＿＿＿＿＿＿＿＿＿＿＿

此项作业，分成三个不同的层次和序列，第一层次：图文并茂，让学生观察并认识交通标志。第二层次：在不同路口的指示牌上，画出相应的交通标志，这就需要学生对周围的环境进行细致的观察和判断，选择合适的交通标志。第三层次：让学生对所学的交通规则进行融会贯通的使用，同时，也将学科育人的理念融入其中。他们会更深刻地认识到，在公共场合要遵守相应的规则，做一个文明的小公民。（见表3-2）

表3-2 "文明小公民"评价量表

评价项目	评价内容			评价记录		
	优秀 ★★★	良好 ★★	一般 ★	自评	互评	师评
基础巩固类	1.使用丰富的词汇和恰当的句型完成短文的填写。2.能用熟练、准确的语音、语调背诵。3.情绪饱满，有感染力地进行表演，肢体语言丰富、自然，完全脱稿	1.使用较为丰富的词汇和恰当的句型完成短文的填写。2.能用熟练、准确的语音、语调朗读	1.基础内容框架比较完整。2.能用比较熟练、准确的语音、语调朗读	☆☆☆	☆☆☆	☆☆☆
拓展延伸类	1.能根据提示设计文明出行宣传海报，图文并茂、美观清楚。2.能与同伴分享，内容丰富、完整，介绍有逻辑	1.能根据提示设计文明出行宣传海报，图文并茂。2.能与同伴分享，内容完整	1.能根据提示设计文明出行宣传海报。2.分享内容介绍比较简单	☆☆☆	☆☆☆	☆☆☆

评价项目	评价内容			评价记录		
	优秀 ★★★	良好 ★★	一般 ★	自评	互评	师评
综合实践类	1.能认识5个以上常见的道路交通标志。2.能根据不同地点选择合适的交通标志。3.能写出3条交通安全标语	1.能基本认识4个以上常见的道路交通标志。2.能根据不同地点选择合适的交通标志。3.能写出2条交通安全标语	1.能基本认识3个以上常见的道路交通标志。2.能根据不同地点选择合适的交通标志。3.能写出1条交通安全标语	☆☆☆	☆☆☆	☆☆☆
小组合作	能与同学积极地沟通，善于合作，积极参与制作思维导图、仿写练笔和表演活动，认真书写，用心倾听	能与同学沟通，能合作完成任务，参与交流，认真倾听他人发言	能与同学沟通，合作完成任务，但交流、展示比较简单	☆☆☆	☆☆☆	☆☆☆
总计	_____ ☆					

在基础巩固类、拓展延伸类和综合实践类的作业当中，教师有意识地为学生创设了主动参与和探究主题意义的情境和案件，使学生获得积极的学习体验，成为意义探究的主题和积极主动的知识建构者。根据学生的学情，设计了由浅入深、关联递进、形式多样的学习活动，以及制作了与活动内容和层次对接的评价量表。

（二）为学生创设多元化的线上作业

1. 文本朗读

建议家长给孩子录制朗读音频和视频，并让学生互相交流，多读、多练，便于他们互相学习，听听别人朗读、了解别人背诵的英语水平，再对照自己的朗读情况，两相对照，取长补短。笔者会对朗读特别流利地道的、进步大的、有明显优点的、有明显发音问题的，进行一一点评。通过这种方式，极大地提高了学生的朗读英语学习英语的热情，也让学生有了续航的动力，能主动地坚持去做，简单的事情重复做，重复的事情用心做，用心的事情坚持做，久久为功，自然会得到很大的提升。

2. 课本剧表演

教师要充分认识到现代信息技术不仅为英语教学提供了多模态的手段、平台和空间，还提供了丰富的资源与跨时空的语言学习和使用机会，对创设良好的学习情境、促进教育理念更新和教学方式变革具有重要的支撑作用。

我们在布置作业的过程中，常常会鼓励学生以团队合作的方式，对课文的文本进行再创作，最终以课本剧的形式进行呈现。最后我们会让学生在课堂进行分享，同时，我们也鼓励学生以录制课本剧视频的形式进行作业的创新和分享。

（三）为学生设计基于课标的单元整体作业

下面以鲁科版教材五年级上册Unit 6 Spring Festival为例，介绍我们在创新作业评价方面的尝试。

"Lesson 1 We visit our relatives and friends."教学目标设定如下。

通过本课时的学习，学生能够：

（1）在听、读、说等活动中，获取、梳理春节的基本信息，形成结构化知识，感受和了解春节的时间和习俗。（学习理解）

（2）在教师的引导下，借助思维导图，表演或复述春节的习俗。（应用实践）

（3）小组合作，制作春节文化海报，在班级内展示、交流自己在春节期间的活动，感受春节传统习俗的乐趣。（迁移创新）

根据制定的教学目标，教师设计了两类作业，分别是基础巩固类作业和实践应用类作业。

You must do：基础巩固类作业

（1）跟读三遍课文，根据发音规律默写单词：festival，February，January，before，relative。

（2）把你了解的春节知识用思维导图概括一下，并进行介绍吧！

① 根据课文内容，仿照范例，绘制春节思维导图。

② 根据绘制的思维导图，运用学过的语言支架，写一写春节习俗吧！注意：语言完整、准确。

When：When is the Spring Festival? _____ . / _____.

What：What do you do at the Spring Festival? _____ . / _____.

Who：Who do you spend the Spring Festival with? _____ . / _____.

Where：Where do you spend the Spring Festival? _____ . / _____.

How：How do you feel about the Spring Festival? _____ . / _____.

The Spring Festival

The Spring Festival is Chinese New Year. It's usually in _____. Sometimes it's in _____. At the Spring Festival，the family _____. We usually eat _____. We watch _____. We go _____.The Spring Festival is _____.

③ 把你写出的春节习俗，以文字讲解或者视频讲解的方式介绍给朋友和家人吧！

If you can：实践应用类作业

（1）查阅资料，根据实际生活中的春节习俗，运用所学语言，图文并茂，自制绘本。

（2）和同伴分享并交流。

鲁科版教材五年级上册Unit 6 Spring Festival Lesson 2 Did you have a big dinner？教学目标设定如下。

通过本课时的学习，学生能够：

（1）在听、读、说等活动中，获取、梳理、概括春节经历的基本信息，形成结构化知识，对比在城市过年的传统习俗与新习俗，体验春节文化的多样性。（学习理解）

（2）在教师的引导下，借助思维导图，分角色表演对话或复述春节的经历。（应用实践）

（3）小组合作，制作My Super Spring Festival小报，在班级内展示、交流自

己的春节经历，感悟并体验春节文化中蕴含的爱。（迁移创新）

根据制定的教学目标，教师设计了两类作业，分别是基础巩固类作业和实践应用类作业。

You must do：基础巩固类作业

（1）小组内角色扮演展示对话，根据发音规律默写单词：came，set off，firework，house，fun，country。

（2）把你印象深刻的春节经历用思维导图概括一下吧！

① 根据课文内容和实际生活经验，绘制你的春节经历思维导图。

② 根据绘制的思维导图，用英语写一写你的春节经历。注意：语言完整、准确。

③ 把你写出的春节经历，讲给朋友和家人听吧！

If you can：实践应用类作业

录制视频，介绍春节经历：采用录制视频或者英语配音的形式，进行展示。视频要求：全英介绍，尽量配有字幕和背景音乐，图像清晰，时间控制在1—3分钟，可以使用视频软件进行后期剪辑制作。

鲁科版教材五年级上册"Unit 6 Spring Festival Lesson 3 They will say Happy Spring Festival！"，教学目标设定如下。

通过本课时的学习，学生能够：

（1）在看、听、说、猜的活动中，获取、梳理、概括、整合文本中的春节计划，理解有关春节文化的内涵。（学习理解）

（2）在真实情境和语言支架的支持下，制作思维导图，复述课文的春节计划。（应用实践）

（3）根据实际生活，小组内自主制订并分享春节计划，对比不同地域的春节文化，争做文化小使者，传播春节节日文化。（迁移创新）

根据制定的教学目标，教师设计了两类作业，分别是基础巩固类作业和实践应用类作业。

You must do：基础巩固类作业

（1）读三遍课文，复述课文，并根据发音规律默写单词：ask，lucky money，eve，early，next。

（2）用思维导图概括一下你的春节计划吧！

① 根据课文内容和实际生活经验，仿照例子绘制春节计划思维导图，并说一说吧！

② 根据绘制的思维导图，用英语写一写自己的春节计划。注意：语言完整、准确。

The Coming Spring Festival

We are in/at _____. We will have the Spring Festival with _____. We are very _____. Before the Spring Festival，we will _____. We will _____. On the eve of the Spring Festival，we will _____. We will _____. Early the next morning，we will _____. We will _____. We will have _____.

③ 根据春节计划的思维导图和写出的春节计划，在班级内交流、展示自己的春节计划。

If you can：实践应用类作业

（1）把你的春节计划录制成视频向大家展示一下吧！采用录制视频或者英语配音的形式，进行展示。要求：全英介绍，尽量配有字幕和背景音乐，图像清晰，时间控制在1—3分钟，可以使用视频软件进行后期剪辑制作。

（2）查阅更多有关节日的传统习俗，制作节日思维导图吧！

① 到网上查找中国传统节日，标出每个节日的关键信息。

② 选择其中一个节日，根据节日的关键信息，制作思维导图。

鲁科版教材五年级上册"Unit 6 Spring Festival Lesson 4 The Tidy-up Race." *The Tidy-up Race*是与主教材融合的丽声北极星分级绘本（山东五·四学制版）中的绘本故事，教学目标设定如下。

通过本课时的学习，学生能够：

（1）在教师的引导下，获取更多与春节相关的知识和信息；通过听、说，总结、归纳字母组合ng、wh、ar在单词中的拼读规律；在看、听、说的过程中，借助图文提示，提取梳理Feng在春节前的活动信息，并能准确地运用语言结构，进行谈论。（学习理解）

（2）在教师的帮助下，根据图片支架，复述Feng在春节表演前的活动。（应用实践）

（3）争做文化小使者，传播传统节日文化，制订有意义的传统节日庆祝方案，在小组内进行交流，并向全班汇报交流总结。（迁移创新）

根据制定的教学目标，教师设计了两类作业，分别是基础巩固类作业和实践应用类作业。

You must do：基础巩固类作业

大声地朗读三遍绘本，对照图片，把故事讲给家人听听吧！

If you can：实践应用类作业

（1）你还知道哪些中国传统文化知识呢？请借助书籍、报刊、网络等方式来搜集相关资料，可以以"Our Traditional Culture Tree"为题，采取制作海报、制作绘本、绘画等不同形式，介绍中国传统文化，如京剧、剪纸等。

（2）选择你喜欢的一个中国传统节日，给大家介绍一下吧！

① 选择你喜欢一个中国传统节日。

② 采用录制视频或者英语配音的形式，进行展示。视频要求：全英介绍，图像清晰，时间控制在1—3分钟，可以使用视频软件进行后期剪辑制作。

本单元各课时的作业设置都是利用课堂上生成的思维导图和语言支架，采取小组合作的形式，在班级内展示、交流。作业的设置关注到篇章之间的关系，活动之间连贯一致、层层递进，学生在螺旋式递进的语言结构中，循序渐进地达成学习目标，发展语用能力。作业的设置，关注到一般现在时、一般过去时、一般将来时三种时态，聚焦学生的实际生活，从春节习俗拓展到更多的中国传统节日习俗，传播多彩节日文化，坚定文化自信。

在作业评价中，教师创设了真实的学习情境，建立了课堂所学与学生生活的关联，设计了基础巩固类、实践应用类等不同类型的作业，如朗读、角色扮演、复述、仿写、制作海报、绘制思维导图、视频拍摄、英语配音等不同形式，采用多模态的手段、平台和空间，传播中国文化，坚定文化自信。

（四）单元项目式作业改进

在学习鲁科版教材五年级下册Unit 2 Good Behaviour时，笔者改进了本单元的项目式作业：设计四个进阶任务，每个任务提供多种作业形式，供学生自主选择。

（1）选一选：列出不同的情境，让学生自主选择，观察生活中的场景，分析这些场景中的文明行为或者不文明行为，如：on the street、at school/ home、in the classroom/ cinema/ library/ museum/ hospital、in the park/ zoo、on the bus/ train等各种场合。

（2）查一查：查阅所选择场合的标识、标语及意义，也可以自行创作如班级、教室或家中的规则标识，搭配对应的规则，小组分工合作完成。

（3）画一画：选择连环画、手抄报、思维导图、海报等形式进行制作，图文并茂地展示不同场合的文明行为。

（4）讲一讲：将小组成果进行宣传，可以采用故事改编的形式讲一讲，或采用志愿者宣讲的形式讲一讲，还可以拍成视频进行呈现。

这样的作业形式，效果会是怎样呢？学生的表现，给笔者真实地上了一课。

◎ **课堂教学案例**

这次的项目式作业，学生自主选择场景、自主查阅资料，创新制作思维导图或者海报，自己写剧本、设计场景，自己录制，后期加工完成。学生还对课文进行了整合创编，将课文中的场景进行一一展示，从街道到公交车，再到图书馆，三个场景的转换，对三个地点中Good Behaviour的阐述，通过朋友之间的对话展示出来，从选择场景、编写剧本，到完成录制编辑，都是他们分工合作完成的。

布置了不到一天，思言、煜轩、艺博、涵霏、子晨这组，已经写出了剧本，傍晚他们在小区里找好拍摄地点，在家长的辅助下，完成拍摄制作，一大早就发给了笔者。视频中，学生利用小区里的长椅、大树、石头，模拟了街道、公交车、图书馆的场景，很自然、很朴实的语言运用，笔者看了感到非常惊喜，经过了解，是学生的妈妈负责用手机拍，学生的爸爸尝试用软件编辑而成的。

笔者在班里播放展示完之后，博得了同学们的阵阵掌声，那种发自内心的欣赏和赞叹，给了五个人极大的激励。下了课之后，笔者跟学生说："因为字幕是软件自动匹配的，有的地方大小写不太严谨，可以写出文字，修改原文件。"但是学生说，对视频不太满意，想要重新拍摄录制，而且他们把部分剧本又做了修改，第二天，录了一个2.0版，果然改进了之前的不足。他们自己愿意去尝试、去改进，认为学习英语是一种享受。

嘉瑞等五个人编了一个很有意思的小短剧：一天早上，一个小男孩在马路上拍球，边拍边说："Haha！It's fun to play football."一个小女孩劝阻："Don't play football on the street. It's dangerous."小男孩很不服气。此时，警察手一伸，阻止小男孩，说："Don't play football on the street."但是警察叔叔走了之后，他还是继续在路上拍球，此时，一辆车过来，小男孩被撞倒了，全剧终。

这个小故事，有旁白、有道具，小演员们的表演生动、形象。但是第二天，小明找到了笔者，他吞吞吐吐地对笔者说："老师，我想把视频修改一下，我演的小男孩太坏了，我觉得不太好，想把剧本修改一下。"笔者听了，很是惊喜，这位学生，教他三年以来，他闯下了大大小小很多次祸，仅因为打人，家长被叫到学校就有三四次，其他跟同学的小纠纷就更多了，但是这次，他能意识到自己的形象不太正面，是个很好的事情。于是，笔者跟他说："你只是演这个男孩，又不是真的犯这些错误，而且，你演得非常好，是戏精，看到你的表演，相信同学们都不会在街道上玩球了。那么，你想怎么改？不如试试这个小男孩被撞倒之后，吃了亏，认识到自己的错误？"他迟疑着说："小男孩被撞死了。"笔者哈哈大笑，说："你们重新尝试别的方式，也行。"他们于是又重新拍摄了2.0版，这次的小明，仍然是个反面教材，因为在图书室吃东西、大声说话，被指出错误后不改正而被劝离开图书室。但是他没有再来找笔者，他说："我虽然演的是反面角色，但是给人的启发却是正面的。"这就是一个才上五年级的学生的格局，他在三年中的变化，点点滴滴，汇聚到今天，在思想上有了重大转折。

学习五年级下册 Unit 5 Country Life 后，青玮到自己生活的农村老家，在妈妈的帮助下，拍摄了一段农村生活的视频，配上课文内容的语言知识点，介绍了他在农村老家居住的环境、菜园的植物、家里养的牲畜，还有农村生活的乐趣，蔚然成趣，别有一番滋味。学生的口语表达越来越流畅、越来越娴熟自然，笔者心里感到无比愉悦。

当教师最怕成为"教油子"，五年一贯，十年一贯，年年如是，没有长进。求知要日新，教学要求日新，不能墨守成规，裹足不前。所谓新，不是变戏法，走捷径，而是除旧布新的"新"，年年有新的认识，新的进步，越来越接近和掌握学科教学规律，越来越有效提高教学质量。

——于漪《于漪知行录》

◎ **教后反思**

学生的一言一行中，都暗藏着教育契机。只不过很多时候，是为人师者的智慧或者修养不够、教育机制不够，错过了这样的育人良机。

课题研究五年以来，学生学习英语的积极性越来越高，英语学习能力得到了大幅度的提升。只有当教师站在学生生命成长的角度，带着善于发现的眼睛，保持学科育人的敏锐度，在每一件小事、每一个细节中体现出对人的培养，才能实现知识和育人的融合，落实好立德树人的根本任务。

第四章

学科育人理念之下的
学生成长

岁月如歌，往事依依，留下的痕迹有浓有淡，有深有浅，有伤痕有欢乐，有失落有收获……

教育事业真正是遗憾的事业，教师责任大如天，追求永无止境。

——于漪《于漪知行录》

第一节　一个孩子的转变

傍晚放学的路队整齐、安静，路队长青玮管理着纪律和队形，让在旁观察的笔者，甚为欣慰。眼前不禁又出现了三年级时青玮才转来时的情景……

新学期开学第一天，班里转来一个小男孩，个头不高，圆滚滚的小肚子，嗓门响亮，一口土话，书包是敞开口的，走起路来拖拖沓沓。上了课，他不举手就发言，朗读时虽然声音很响亮，但是读得没有节奏，把全班的普通话和朗读节奏都带跑了；下课了，他周围的同学纷纷告状：青玮打人、青玮骂人、青玮不打招呼就拿别人的东西……笔者有些头疼："青玮，不能骂人，说话要文明，不能粗鲁，用别人的东西要跟人家先打招呼……"可能是刚刚转学过来，跟教师和同学良好的关系还没有建立起来，这种耳提面命的教导方法，对于这个学生来说收效甚微。

经过观察和思考，笔者对他采取了以下几个步骤的引导措施。

一、第一步："亲其师，信其道"

李镇西老师在《德育工作者应该是怎样的人？》一文中，这样说道："好的教育首先是良好师生关系的建立。因为德育过程中情感的因素是不可忽视的，而这情感主要来自师生关系。"

通过活动促进师生之间、生生之间的关系，学生可以在活动之中合作交流，促进沟通，是非常好的方法。活动课上，笔者带领同学们跳绳，笔者一边示范，一边观察每位学生的神态、姿势。有的学生跳起来身轻如燕，一个接一个地连环跳，很轻盈；有的学生跳起来像大熊，跳得"砰砰"响，还跳不过去；还有几位学生每次跳的时候，都要全副武装，穿上马甲，戴上帽子，把手揣到兜里，为什么要这样呢？怕让绳子打着呗！

青玮不太会跳，但他和几位学生在旁边很仔细地观察、琢磨，祈赫先琢磨出来，说："绳子甩过来的时候不能上，得等绳子打地，甩到对面的时候才能上，这样就打不着自己，这时绳子距离自己的距离是最远的，等再抢过来打地的时候，跳一下，就过去了。"青玮在他的激发下，也看出了门道："不能因为怕被绳打着，就缩在边上，越在边上，绳子的高度越矮，应该往中间走，绳子甩得最高，打不着人。"笔者在赞叹之余，也让他们观察跳的时候，落点应该在哪里。艺博终于看出了诀窍："在两个甩绳人的连线上呀！"

下一轮，青玮的胆子就大了点，他一点点地往绳子跟前凑，以打不着自己为原则，然后看准时机，跑了上去，猛地一跳，虽有些笨拙，但是终于跳过去了！他自己憨憨地笑着，很是得意，马上转回来又跳一次，又过了！他很快就适应了这个节奏，慢慢地从笨拙到熟练。很快，学生有样学样，在这个基础上再加上个人的心得，很快跳得越来越欢。大家对待青玮，也不再生疏，而是有了敬佩的好感。

一节活动课之后，青玮很快跟同学们熟络了起来，笔者悄悄地在旁观察琢磨他的性格，他很热心，不管同学们有什么困难他都愿意帮忙；他心地纯朴，需要搬书、搬作业本的活儿，总是第一个举手，并且不怕苦、不怕累，干得热火朝天；他上课发言非常积极，知识面也很宽。他身上有着非常鲜明的特点，这就需要教师把好学生的脉，找到适合他的方式，促进他的自我教育和自我成长。

二、第二步：明理导行，循循善诱

陶行知先生说："品行养成之要素是在一举一动前所下的判断。我们问题中最大问题，是如何引导学生于一举一动前能下最明白的判断。"李镇西老师在《德育工作者应该是怎样的人？》一文中对陶行知先生的这段话进行了这样的解读："学生要能够明确自己行为的对错，由此决定是否做出下一步行为。这的确很关键，让学生成为自己行为的判官，而不是犯了错误之后由教师来裁决并惩罚。这才是德育教师最根本的育人任务。"

课堂上，青玮的发言依然积极，可是常常会忘了举手，有时还随便发言。下课了，笔者把他叫到跟前，跟他说："青玮，你上课的发言真积极！"他有些不太好意思地低下头，说："老师，我这次又忘举手了。"笔者说："不要紧，你上课发言的时候，别着急，老师看到你举手，就一定让你说，好不好？发言时，厘清自己的思路，想好先说什么，后说什么。"他很高兴，用他特有的大嗓门告诉我："我知道了，老师！"

刚开始，他仍不记得，笔者和他约定好，不记得的时候，笔者就停一停，暗示他一下，并且跟其他科教师商定好，也提前跟他商量好，都用同样的方式暗示他一下。他着急发言，就刻意地约束自己，慢慢地，不举手就发言的毛病逐渐改正过来了，抢答时没条理的思绪，也因为有了举手的缓冲时间，而变得条理清晰起来。

课堂上的常规习惯改掉的同时，他身上其他的小毛病也逐渐显露出来。比如：说话不文明，跟人打架。针对这个问题，笔者先跟家长进行沟通，了解家庭背景及问题产生的原因，家校合力，一起帮他把这个坏习惯改掉。通过交流发现：他之前居住的地方，周围的人有时讲话不太注意文明用语，他听在耳朵里，就学会了。父母性格比较急，听到他讲话不文明，就批评他，次数多了就开始训斥他，没有注意讲话方式和教育方法，久而久之，这个坏习惯一直没有得到彻底的纠正。

了解到这些情况，笔者跟任课教师一起商量，决定在"耐心、细心、慧心"上下功夫。第一，耐心。他的这个坏习惯形成已久，不可能一下子就改掉，所以，教师要做好打持久战的准备，要有水磨的功夫，耐心地引导他；第二，细心。在细节上进行引导，在小事上下功夫，让他知道事情的边界在哪里，做事不越界；第三，慧心。只是批评教育效果不大，抓住契机，让他从内心知道自己的坏习惯有多糟糕，心中受到触动，一点一点地去修正自己的言行，才会改得彻底。

整理好思路之后，借着他又一次被同学告状，笔者找他谈话："被人告状是什么感觉？"他说："当然不好。"笔者问："那你想不想不让别人再告你的状？"他说："当然想。"笔者说："那咱们来分析一下这次事情的过程。你回忆一下哪里做得好，哪里做得不好，如果再发生一次，你怎么处理。不要着急，想好了之后再说。"他开始讲来龙去脉，在讲的过程中，自己的思路厘清了，事情的起因出来了，处理的方式也分析清楚了，下次他再遇到类似的问题就会思考解决的方法。

想到他精力非常旺盛，那就让他管理路队吧，笔者与他提前商定好："当路队长要先改掉不文明的毛病，骂人可不行，打人更不行，如果能保证，就当路队长，如果不能保证，那就改掉之后才能干。"果然，在这件事的激励下，他不仅改掉了不文明的坏习惯，路队也被管理得井井有条。

三、第三步：激发热情，学科育人

于漪老师在《于漪知行录》中这样说道："学生学习的兴趣，自主学习的意识和习惯，不可能自然生成，也不可能一蹴而就，要靠不断激发，要靠持续培养，要靠努力唤醒。对此，教师责无旁贷，要有所作为。付出的是久盛不衰的热情、持之以恒的耐心和锲而不舍的韧劲。"

青玮的常规习惯慢慢步上正轨，接下来笔者考虑的就是他的学习习惯的养成。他读书多，知识面宽，思维非常活跃。上课时，笔者就有意识地鼓励他说出自己的见解，在教师的认可下，他的积极性越来越高，思路越来越开阔，并且带动了一大批同学，上课都瞪着亮晶晶的小眼睛，专注地听，积极地答，你不让我，我不让你，形成了你追我赶的良性循环，营造了上课认真听讲、积极回答问题的良好氛围。

为了激发学生学习英语的热情，笔者对英语作业的布置和评价方式，进行了创新。每个单元学完后，笔者都让学生自己选择本单元的学习内容，搭配人员，以录制视频的形式进行课本剧的表演。五年级下册Unit 2 Good Behaviour

学完之后，嘉瑞、青玮等对课文进行了整合创编，将课文中的场景进行一一展示，从街道到公交车，再到图书馆，三个场景的转换，对三个地点中的Good Behaviour 的阐述，通过朋友之间的对话展示出来，从选择场景、编写剧本，到录制编辑完成，都是他们分工合作完成的。线上教学时，不能出门，他们就采取单独录制，然后以剪辑、合成的方式来进行课本剧的表演。在这种形式的引导之下，极大地调动了包括青玮在内的同学们学习英语的积极性。在学完五年级下册 Unit 5 Country Life 之后，笔者布置的综合实践性作业内容是：介绍自己或爷爷、奶奶的乡村生活。青玮到自己生活的农村老家，在妈妈的帮助下，拍摄了一段乡村生活的视频，用课堂中学习的语言支架，介绍了他在农村老家居住的环境、菜园的植物、家里养的牲畜，还有农村生活的乐趣。他一边走，一边指着旁边的平房、牛羊马、蔬菜，用英语流利地介绍，在整个视频介绍的过程中，他非常自豪，表现出了他对农村生活的喜爱和对英语学习的热爱。

如今的他，是班里的班长，做事积极、踊跃，对待学习一丝不苟，对同学热心、友好，不计较得失。作为教育工作者，只有站在学生生命成长的角度，带着善于发现的眼睛，保持着育人的敏锐度，才能实现知识和育人的融合，落实好立德树人的根本任务。

四、第四步：言传身教，群策群力

在《南京中等学校训育研究会》一文中，陶行知先生写道："要打破宽严的观念，要在宽严之外去谋解决。真正的训育是品格修养之指导。我们要在'事'上去指导学生修养他们的品格。事应当怎样做，学生就应当怎样修养，先生就应当怎样指导。各种事有各种做法，指导修养之法也跟了它的不同。同是一事，处不同之地，当不同之时，遇不同之人，那做的方法及指导修养的方法也就不能尽同了。怎样可以拿一个笼统的宽严观念来制裁他们呢？"

作为教师，在引导学生前行的过程中，不能习惯用种种方法去找学生的错处，而是引领他，让他看到自己的闪光点，并让闪光点越来越耀眼。青玮的朗读特点是声音响亮、口齿清楚，读起课文来，大家都愿意跟着他的节奏走。但是他的节奏掌握得不好，时快时慢，有时土洋结合，发音不准确，常常把大家带跑偏。怎么办呢？笔者请语文教师来指导他的朗读，教他根据意群断句，区分开重读弱读，学着有节奏、有感情地朗读，要错落有致。这样教了有半年，他的朗读和背诵水平都有了非常大的提高。在语文教师和笔者的指导下，他反复练习修改自己的朗诵，还请妈妈帮他录制视频，然后看着视频，一遍遍地修正不好的地方……

就这样，差不多两年之后，同学们在他的带领下，朗读水准大大提高，响亮、整齐、有感情，琅琅的读书声，让人听了感到非常愉悦。笔者还推荐他参加了学校的诵读比赛，经过他自己的努力，取得了相当不错的成绩。

和笔者同班的语文教师王老师，是多年的老班主任，有着丰富的学生管理经历，她的教育智慧让笔者很是钦佩，在点滴小事的处理中，不仅培养了学生，更让笔者也受益颇深。

有一天，到了一批新作业本，王老师领着学生，帮助级部主任把每个班级的书都数出来，并且安排学生发下去。数着数着，发现数学作业本暂时少了10本，王老师就让学生分开，自己班少5本，级部主任班少5本，青玮觉得非常奇怪，问："老师，为什么让我们班少呢？"可能他的意思是，只有王老师领着在数本子，又没有其他老师在，也没有其他班学生在，为什么要给自己班少呢？王老师是这样回答的："第一，是我在领着你们数，作业本不够，肯定要从咱自己班里扣，不能把少的书，推给别的班，这叫责任；第二，另外5本之所以从2班扣，是因为二班是级部主任的班，他是领导，书少了，他自然也要分担，这叫担当；第三，每位同学发2本数学作业本，所以，全班一共少5本，可以保证每位同学至少都有一本作业本，并不影响同学们完成作业，这叫灵活。"王老师这一番话，青玮听得连连点头，这件事对他的成长也深有启发。后来王老师讲给笔者听时，笔者佩服至极，这就是教育智慧啊，随机教化，信手拈来。《于漪知行录》中这样写道："教师的人格力量是素质教育的重要保证。教育力量只能从教师人格力量活的源泉中产生。离开了言传身教、春风化雨，教育功能就会被消解。"

五、转化：教师节的感动

2021年9月10日，笔者早上一进教室，全班同学都在座位上静静地坐着，抬头看着黑板，讲台上的青玮也在静静地和他们对视着。笔者觉得有点奇怪，就问大家怎么了？学生似乎要掩饰什么一样，异口同声地回答："没什么，没什么。" 笔者预感到可能他们在酝酿些什么，没有太在意，只是想：装作什么也不知道，来成全孩子们的心意吧。

下课了，王老师一脸兴奋地走到笔者的面前，讲她这一节课的经历。一进教室，全班同学起立，大声说："老师！节日快乐！"王老师请同学们坐下，同学们纷纷示意，黑板上还有惊喜。王老师回头一看，黑板上满满的是全班同学的签名，还画了箭头，上面写了"open"，示意老师拉开黑板。王老师照做，黑板拉开之后，下面的黑板上，写着教师节的祝福"教师节快乐！祝老师桃李满天下！"旁边画着红日、草地，草地旁有一条小路，小路尽头是一片果树，果树上结着红彤彤的果实，他们不一定明白，但意境却有着"桃李不言，下自成蹊"之意。王老师惊喜不已，对同学们说："我做了一辈子老师，明年就要退休了，从来没有学生以这样的方式给我庆祝节日。非常感谢同学们，也为同学们这样有心而感到欣慰。"

第二节课，笔者一进教室。全班同学在"祝老师节日快乐！"的声音中集体起立，笔者也重新经历了一遍王老师的经历，虽然笔者已经知道了事情的始末，但仍然装作不知道，这是学生的一片心意呀。笔者非常兴奋地站在黑板边上，让学生给笔者照了相，说："我要把它留作永远的纪念。"

这面黑板其实笔者是舍不得擦的，这是2017级5班集体的难忘时刻。后来，笔者问起同学们这件事是谁的创意，他们纷纷闭口不言，只是笑着看了看彼此，说："是大家一起的想法。"

那一天，因为和教师的心意相通，所有学生脸上都洋溢着笑容，学习起来也格外带劲。他们受到了教师的认可和鼓励，他们认为自己是有价值的，他们做的事情是有意义的。

每天笔者都在被这样的一些细微的小事感动着，有太多值得记录的小火花。

2022年7月5日，这一届学生小学毕业之际，青玮在QQ上给笔者写下了这样的留言：

"春蚕到死丝方尽，蜡炬成灰泪始干！"

今天，我的小学生活画上了一个完美的句号！

我是转学生，在这三年里，感谢有您和王老师的帮助，让我更好地融入了这个大家庭里！

有了您才会有我今天的一切！

在人生漫长的旅途之中，您就是航标灯！给我指引了正确的道路！我知道一千声谢谢、一万声谢谢都代表不了您对我们的爱，在这里我真诚地对您说："谢谢您！您辛苦了！"（声明一下，我是青玮，不是我娘！）

那一天，笔者看着他的QQ留言，眼泪止不住地落了下来，又是欣慰，又是不舍。

英国的心理学博士西尔维娅·克莱尔说："这个世界上所有的爱都以聚合为最终目的，只有一种爱以分离为目的，那就是父母对孩子的爱。"作为教育工作者，我们只能陪伴学生走过人生旅途上这一段时光，看着他长大，看着他茁壮，看着他渐行渐远，品味他成长之后的分离。

优秀的教育者应该是一个特别敏锐的人，这样的人总能在生活中、校园里、课堂上随时发现并及时捕捉教育素材，能够在别人司空见惯的地方乃至仅仅是一些细节处发现其中蕴含的教育因素，然后巧妙地对孩子进行引导和感染。而这一切看上去又是那么的"不经意"。不动声色，不知不觉，了无痕迹，润物无声，潜移默化……这就是教育的智慧，也是教育的艺术，更是教育的境界。

——李镇西《重读陶行知》

六、教后反思

从青玮的成长历程来看，3年的时间，他成长得非常迅速，从开始的"慢"

到后来的迅速，其实蕴含的是"静待花开"的道理。孩子的成长，从"育人"的高度出发，但是要从"教他做事"的落脚点踏踏实实地去做，不要着急，"慢"就是"快"，为人师者，要有"允许他犯错"的从容气度。

在教育孩子的这条路上，没有一劳永逸，只有不断引导、不断反思、不断修正，才能不断成长。

第二节　谁说站在光里的才算英雄

那一年9月，笔者新接了一个三年级的班。班里有位学生叫心怡，刚接班时她给笔者的印象是有些土气的，长头发常乱糟糟的，衣服上也有点点的污渍，个头不高，皮肤黑黑的，一笑，非常质朴。

她不是一个聪明的孩子。三年级才开始学英文字母时，她学得比其他同学慢，但她也不闲着，有空就抄字母、写单词。默写单词的时候，她的态度非常认真，单词一个不少，每个单词都写得很长，但是仔细看看，对的很少，原来所有单词字母都是她自由组合的，还不重样。三个字母组成的单词还好些，学三四天之后能背过、默写，但是再长点的就记不住了，学的单词一多，就更混淆了，但是10个单词只能背过一两个简单的。

上课的时候，她听不懂，可总是在很认真地听。朗读、背诵的时候，她背不下来，就自己大声朗读。剩下的时间，她就照着书抄写。发现她的这个特点之后，笔者跟她约定："默写单词的时候，你可以照着书抄写，也算你的成绩。但是你要抄写得工整，不能潦草，好不好？判分的时候，我就按照你抄写的给你评分。"她很高兴，咧着嘴跟笔者一笑。以后上课，只要笔者要求默写，她就拿出书来抄写，抄得工整又认真，开始只能抄二三十分，慢慢提高到四五十分，最后竟然能得八九十分，偶尔还能得100分。她得了高分，笔者总会在班里表扬她一下，在班里公布她的分数，同学们都很惊讶地发出赞叹声，她就更有劲头了。

她很热心，更热爱劳动。三年级刚接班时，她下课就跟着笔者，看能帮着干点什么。她不怕吃苦，做事也比较有耐心，但她做事欠缺条理性，缺乏思维的缜密性，有做事的热情，但是欠缺科学的方法和缜密的思考。观察到她的这些特点，笔者就从劳动这一点入手，教她有条理地做事，在做事中锻炼严密的逻辑思维能力和创新能力。

笔者问她班级什么地方最容易杂乱？并且给她一天的时间让她观察，一天之后，她告诉笔者：需要随时清理的是讲桌和卫生角，她自告奋勇地负责这两个地方。一次她在整理卫生角时，把笤帚整齐地堆在一起，笔者就教她："笤帚的摆放要有秩序，每把笤帚都是头对头，尾对尾，头朝外，尾对着墙，而且大小要分类摆放。"这样摆好了之后，让她看，"是不是很整齐、很有秩序？"她微笑着点头称是。从那以后，她就按照这个方法去整理，把卫生角打扫得又干净、又整齐。她不光自己整理，还督促同学们在打扫后摆放整齐，在她的带动下，卫生角成了一个亮点，一眼望去，那些笤帚像士兵一样，整整齐齐、昂首挺胸地靠墙站着队。

她还琢磨着主动去找点活儿干。她看到图书柜里的书和作业本太多，没有分门别类地摆放整齐，她就主动和毅一块，先商量怎么摆放更科学，比如：图书摆在哪一层，按照什么顺序摆放更合理，作业本摆放在哪一层会更方便拿取，采取怎样的方式可以用最小的空间来摆放最多的书。这些都是后来他俩你一言我一语告诉笔者的。后来，他们利用活动课的时间，还召集了几个志愿者，把所有图书和作业本，用他们能想到的最科学、最整洁的方式，整理了一遍。

学校的南面教室不够用，北面也安排了一些教室，这就需要隔一段时间互换教室，换教室的时候，除了桌子、凳子不动，其他东西比如书本、卫生用具等所有东西都要搬到另一个教室，这是个大工程。在第一次搬教室时笔者布置了一下，大家一起开动脑筋，思考怎样做才能做得又快又整齐，孩子们集思广益，想出了非常好的方法。后来搬教室，笔者只需"袖手旁观"，孩子们先把自己的东西搬到另一个教室对应的位置，然后就开始自己分工搬教室里的书本、卫生用具等，书柜里的书，对应位置，整整齐齐地摆好，绝对保持原样，不会找不着，更不会丢了。冬天的外套，放在教室后面的桌子上，叠得整整齐齐，装雨衣的大箱子、拖把盘、垃圾桶、扫帚、铁撮子，各有各的位置，各有各的负责人。心怡是总协调兼监理，看到哪里脏就招呼人打扫哪里。她说："老师，咱搬过来之后，窗台比较脏，我和雅拿了抹布，把窗台都擦干净了。"笔者看到她衣服上蹭得都是灰尘，问她是不是擦窗台弄的，她咧着嘴，不好意思地笑了。

就是这样一个孩子，虽然学习书本知识能力有限，但她对学习的热情不减，她在劳动的时候不是在学习吗？这是更为可贵的一种学习方式和育人方式。她上课的时候就抄单词、抄词组、抄课文，虽然跟其他同学有差距，但是她一直在努力，不放弃自己。她热情似火，好像一个小太阳一样，自己在发光、发热的同时，也温暖了别人。她不怕苦、不怕脏、不怕累，谁有困难她都伸手去帮，有时累了、热了，汗水从额头上滴滴答答地流下来，她用手随便一抹，抹得脸上像小花猫一样，她也毫不在意。不光帮忙，还动脑思考怎样能巧干、干好，做事越来越有门道。这样纯朴、善良的孩子，分外地让人喜爱。

在学校她是老师的小帮手，在家里她是个名副其实的大姐姐，是父母的好帮手。她还有一个弟弟、一个妹妹，弟弟、妹妹都小，爸爸、妈妈工作又忙，家里的活儿都是她帮着干。正是家庭里爸爸妈妈对她的言传身教，才造就了她的责任心和不怕脏、不怕苦的精神。

有一次，学校组织打疫苗，需要家长陪同，那天心怡爸爸主动帮助笔者维持秩序，管理学生，还跑前跑后地帮着嘱咐学生和家长应该注意的事项。看到心怡爸爸认真、负责的态度，笔者也就明白了心怡为什么会有这样纯朴的性格。这就是家风的传承，父母的不言之教。

最伟大的教育工作者是观世音菩萨，永远微笑着，从不说一句废话，只用瓶子里的净水灌溉，不管下面浇灌的，是乔木还是荆棘，是鲜花还是野草。

为什么一定要理解和宽容呢？因为宽容，能够给孩子最大的安全感，而安全感则是教育能够发生的最根本的保障。金字塔不可能是奴隶建成的，只能是欢快的自由民建成的，高压之下的奴隶、没有安全感的奴隶是绝对没有创造力

的，学生也是。（王开东《最好的老师不教书》）

教后反思：作为教育工作者，我们能做的，可能微乎其微。对于世界来说，我们只是改变了一个个体，但对于个体来说，我们可能改变了他的整个世界。我们可能会在自己不知道的某个细节、某个瞬间，改变了一个孩子的人生走向，影响了他对这个世界的看法，影响了他对某个群体的看法。我们当然不能夸大教育的意义，但更不能忽视它。作为教师，当有慈悲心。真正的慈悲心就是没有分别心，就是平等地对待每一位学生，不管他美与丑，不管他成绩高与低，不管他的出身是什么，踏踏实实、尽心尽力地去做，无怨无悔，不忘初心。

第三节　线上学习期间学生的闪光瞬间

4月末的一天清晨，笔者接到通知：所有学生暂停返校。在紧张的气氛和情绪中，开始准备网课。因为常常要回家备课学习，家中常备着一套教材和所有资料。考虑到有的同学可能没有把所有的书都带回家，所以到网上找了电子书，共享到学习群中。然后找课文资料，查找网上的在线课程资源，制作成课件，考虑上课的形式和内容。

要开始线上教学了，笔者对着花名册挨个核对班里学生的家庭情况，想起了一个特殊情况：3月线上教学时，忠瑞家的电脑没安宽带，上不了网，家里只有他爸爸的一部手机能上网，他总是用这个手机上课。笔者数次跟家长联系，学生上网课有优惠政策，可以免费提速，也可以免费装一个月的宽带。家长当时答复，等五一就去安宽带。

还没等到五一，情况就有了变化。更糟糕的是：这部能上网的手机在他爸爸手里，他爸爸在镇上的厂子里上班，现在属于封闭状态，手机送不出来，这可急坏了忠瑞妈妈。了解到这个情况之后，笔者马上汇报给学校，学校非常重视，给出的措施是：看看他家里有没有智能手机，或者借一部，学校负责联系给开通流量，这样不耽误孩子上课。笔者把学校给出的措施告诉了他妈妈，她说试一试，下午打来电话，告诉笔者说这个办法行不通，因为手机卡是老式的大卡，装不到新式的智能手机里，而目前营业厅都是暂时停业阶段，没法换卡。这种情况，还真是不多见了，笔者想了一下，说："你的手机能接收短信吧？要不每天上完网课之后，我让班里学生总结一下学了什么内容，布置了什

145

么作业，我用短信发给你吧？"忠瑞妈妈一直说："要是这样就太好了，老师，太麻烦你了。" 笔者接着打电话给班长嘉瑞，给他布置好任务，并且对他说："这对你而言，是锻炼的机会，你带着任务上课，肯定会更用心，下课之后要进行总结、归纳，要当小老师转告给忠瑞，并且形成文字，对于你来说是难得的挑战啊，要珍惜这样的机会。"嘉瑞后来的表现证实他没有辜负这次机会，也见证了他对同学的关爱，每次的上课总结得非常详尽。学习了《威尼斯的小艇》后，他是这样总结的：

本文主要讲述了美国作家马克·吐温笔下的威尼斯的小艇。第一自然段运用类比的写作手法讲述了威尼斯主要的交通工具是小艇。第二自然段运用比喻的修辞手法描写了小艇的样子。第三自然段写了作者坐小艇时的感受，坐在船上，使人感到无比舒服和惬意。第四自然段运用动态描写和一对反义词写了船夫的驾驶技术很好。第五自然段运用动态描写，写了小艇与人们的生活息息相关。第六自然段运用动静结合写了晚上威尼斯依旧热闹繁华，小艇和威尼斯是相辅相成的。这篇课文通过小艇的样子、坐小艇的感受、船夫良好的驾驶技术、小艇与人们的生活息息相关以及威尼斯的风光，为我们展现了一个古老而又繁华的威尼斯古城。

最后，他附上：完全原创。

看到这些，笔者忍不住笑了，转给忠瑞妈妈，忠瑞妈妈说，一定会督促孩子好好学习，并让笔者代为转达，感谢嘉瑞同学。

忠瑞上网课的事情终于解决了，笔者着实高兴。

怎样才能提高学生在居家期间的学习积极性呢？

笔者尝试给班里同学布置项目式作业，以此来激发学生的热情，提高学习积极性。第一步，确定主题，查找资料；第二步，就主题内容进行思维导图或者海报的创编；第三步，将思维导图或海报拍成小视频，进行展示。举一个例子：涵菲和煜轩平时的英语学习，都不是特别出色，但是看到她们拍摄的视频，让笔者叹为观止。她们分别找了几个同学合作，自创自编、自导自演，有板有眼，同一个主题还进行了1.0版本和2.0版本的不同改编，这种形式极大地提高了她们的积极性。在爸爸、妈妈的支持下，煜轩学习英语的热情高涨，拍摄了"How to keep healthy？""Plan for the Summer vacation""Good Behaviour"等不同主题的小视频。视频中，有的是单独的创作和出镜，也有的是和同学们分别在自己家拍摄，然后合成编辑到一起的。看着孩子们越来越流畅的口语表达，越来越娴熟、自然的镜头感，笔者心里真是替他们高兴。对人的培养，在每一件小事、每一个细节中体现出来。

班级中不少学生的家长都在抗疫一线，思言的爸爸、妈妈都是医生，都站到了抗疫前沿；静姝的爸爸在消防部门，常会有紧急任务，妈妈在乡镇医院一线；圣韬的爸爸在一线工作，妈妈工作的部门，担负着全市人民生活物资的转运和协调；硕的爸爸在单位有任务，不能回家；昶的妈妈在单位管控不能回家，爸爸作为单位的司机要运送防疫人员，也不能回家。还有烨玮一家居家隔离、祈赫一家居家隔离……44人的班级中，出现了种种不同的情况。家长们不能回家，一边是责任，一边是亲情，哪一头都不能丢，思言的妈妈给笔者留言："老师，我很快有抗疫任务，穿上防护服，不能及时看班级群消息，也不能及时完成班级中的任务，有事请联系思言爸爸，他的电话是×××。"不到5分钟，她又发来信息，说："老师，不好意思，思言爸爸刚刚接到通知，也参加抗疫任务，有事请联系她的奶奶，电话是×××。"圣韬妈妈发来语音，说已经连续几天在单位没有回家，每天只能睡两三小时，有一天回家休息了一下，睡了五小时，说已经很幸福了。静姝爸爸拍来自己在工作岗位上的照片，告诉笔者："她妈妈在医院上班穿隔离服接电话不方便，我有任务，也不能及时接电话，如果有急事，联系不上我和她妈妈，可以拨打×××。"很多家长都需要教师的帮助，很多孩子都需要教师的鼓励，笔者告诉家长们，有任何事情，只要笔者能帮上忙，就联系笔者，笔者可以帮助做孩子的工作，学习上的指导或者心理的疏导。笔者给圣韬打电话，圣韬一接电话，高兴地对边上的婶婶说："老师给我来电话啦！"笔者问了他的学习情况，表扬他网课期间学习态度非常端正，进步非常大，鼓励他在家好好学习，多做家务锻炼自己，趁着有时间，把体育课不太擅长的跳绳好好练练，他一一答应，高兴得像个孩子一样。笔者给思言奶奶打电话，奶奶对孙女的表现很是满意，说："她爸爸妈妈在医院没有时间，思言就承担了爸爸妈妈的责任，班级群里的消息也都是思言关注着的，非常自律、非常有担当。"思言在录制的英语表演小视频中，穿着漂亮的小裙子，展示着思维导图，表达着自己的暑假计划，时不时拿出道具：滑冰鞋、旅行箱、书籍、泳镜，描述自己想要在暑假里做的事情，有条不紊、沉稳自如。静妹有一次上网课之前，给笔者打来QQ电话，急哭了，说："我一个人在家，忘记了上课的密码，验证码发在妈妈的手机上，妈妈穿着防护服，没法接打电话。"笔者先安慰她别哭，让她先预习，下课之后笔者来指导她，她这才安定下来。下课之后，笔者给她打电话，告诉她学习的内容，问她有没有人照顾她的生活，叮嘱她要好好学习，帮着奶奶多做家务，锻炼自己，让爸爸妈妈安心。这点点滴滴的小事，对于为人师者而言，是不足挂齿的小小细节，可是对于学生而言，却是莫大的鼓舞和温暖。看到他们更认真地完成作业，上课更用心地听讲，笔者总是感慨，学生有比金子更纯净的心哪！是他们的自然回馈，让笔者更坚定了自己的信念：我所从事的工作，是有价值有意义的。

回顾与反思是教师必做的功课之一。教育生涯是一个充满思考、不断反思的过程。反思走过的路，不是自我陶醉，而是认识以往的模糊、迷茫乃至迷失，认识某些教学举措的走调、错位以及形成的后果，寻觅更适合学生内心需求的教育内容、教学方法。不断自我否定，不断自我超越，才会持续发展，永远向前。

——于漪《于漪知行录》

第四节　成为好老师，是我毕生努力的方向

一、尊重学生，用温和的方式解决事情

下午在四年级上最后一节课，快要放学时，笔者布置作业。在白板上写完作业，笔者转回头，看看同学们记录的情况，一下就看到欣宇双手空空，正收拾书包呢。"欣宇，你记作业了吗？""没有。""抓紧时间记。"只见他，翻开书，随便找了一页，开始写。"你记作业的小本呢？""还没有攒够5个100分，没挣着小本。"5次单词测验100分，可以奖励一个小本，用来记作业，他还没有攒够。

怎么办呢？奖励小本，是为了激励学生，同时也是为了让他们养成随时记录作业的好习惯，可是欣宇的情况也确实存在，一直攒不够，遥遥望不到，积极性还会不会降低？换个思路，先预支一个奖品给他，等他攒够了5个100分，再到笔者这里，在小本上盖上"你真棒"的印章，变成名正言顺的奖品。这样做，会更能起到激励的作用！

放学了，笔者让欣宇跟笔者到办公室，递给他一个小本，说："没有本子记作业，老师先预支给你一个，可是你要努力哦，100分或者进步分，都可以兑换奖品，等你攒够了，我盖上印，就是真正的奖品啦！"欣宇给我鞠了一躬，很诚恳地说："老师，我错了，下次我一定记作业。我一定好好背单词！"这个学生，说话有点结巴，很朴实，给了笔者很深的触动。然后，他就在办公室里，拿着小本，记下了布置的作业，非常工整。笔者赞赏地拍了拍他的肩膀，

"记录得很不错。"他高高兴兴地把小本装进书包里，轻快地走了。

看着他的背影，笔者思考：如果我换种方式对待没有记作业的欣宇呢？如果我只是一味地批评他，会不会他也有这样积极的心态呢？尊重他，用温和的方式来解决事情，我和学生之间的关系，将会越来越贴心，有了好的关系，教育就发生了。

二、共情学生的行为和情绪

2022年9月，笔者接了新的一级学生。一个学期过去，2023年2月开学的第一个星期，同样关于记作业的一件事情，给了笔者更深的启发。

第一节英语课结束了，课堂中，笔者和学生都进入了很High的状态，看着他们亮晶晶的小眼睛中闪着光，这就是师生心灵交融的场景。

下课之前的3分钟，照常要布置作业。笔者让同学们拿出记作业的小本，口述作业，学生记录，笔者检查大家的作业是否记录完整，书写是否认真、正规。走到函诺跟前，他的记录本上一个字都没有，笔者就有点生气，让他到讲台前记录，记完之后拿给笔者看。

他乖乖拿着本子，到讲台上写。笔者布置完作业，到他面前看，这一眼看到的是这样的字"三英一汉　一. 一. be gu 发群　一、二 be gu"，而布置的作业是："带汉语意思认真书写U1单词三遍，带汉语默写一遍。背过U1L1课文。"笔者第一感觉是：记了些什么？第二反应是拿手机拍照，回去研究一下。笔者拿出手机，对他说："老师要把你记的作业拍下来，等下次你再记作业的时候，自己对比一下，看看有没有进步，好不好？"函诺习惯性的动作就是很郑重地点头。笔者看到他记的作业时，猛然醒悟到：他为什么不记作业？因为我只是口述，没有写到黑板上，他作为学困生，一是跟不上速度，二是有好几个字不会写，三是他的字母开始没学会，假期又都忘得差不多了，所以不会写U1L1，才导致他把作业记成这样啊！记这样的作业，他自己能看懂吗？能做吗？当然是否定的。原因是什么？只是因为我这个当老师的，为了图省事，只是口述作业，而不是把作业板书在黑板上。

想清楚原因，笔者让一位同学拿着记好的作业，让函诺照着抄上，又询问他有没有明白作业的内容，得到了肯定回答之后，笔者放心地离开教室。此后的作业，每次笔者都工工整整地写在黑板上，让学生抄下来。

现象背后必有原因，找到原因，反思行为，追根溯源，共情学生的行为和情绪。

李镇西老师在《陶行知是如何对待"难管的小孩"的？》一文中有七条原则，强调："应根据具体情况，尤其是视孩子的特点而选择其中的一条或若干条原则有针对性地进行应对和引导。"

其中第七条原则是：同情照顾。当孩子的心灵已经筑起坚固的壁垒时，打通壁垒的不是更强有力的兵器，而是能够融化坚冰的感情阳光。千万不要和孩子对立，更不要发生冲突，他们是精神上的"病人"，需要的是真诚的呵护与理解。只有走进了他们的内心，才可能将他们冰冷的心重新焐暖。所谓"教育公平"，有时候恰恰是"差别化对待"。

陶行知四颗糖的故事已经成了教育经典，但笔者还是愿意再转述一遍。

陶行知在担任校长时，一次，他看到学生王友用泥块砸同学，当即制止，让他放学后到校长室。

学生放学后，陶行知来到校长室，王友已经紧张地等在门口准备挨训了。孩子没想到陶行知却给了他一颗糖，并说："这是奖励给你的，因为你很准时，我却迟到了。"

王友惊讶地瞪大了眼睛。陶行知没等他开口又掏出第二颗糖对孩子说："这第二颗糖也是奖励给你的，因为我不让你再打人时，你立即就停止了。这说明你很尊重我。"

王友将信将疑地接过糖准备说话，可陶行知又掏出了第三颗糖："我调查过了，你砸那些男生，是因为他们不遵守游戏规则，欺负女生；你砸他们，说明你很正直、善良，且有跟坏人做斗争的勇气，应该奖励你啊！"

王友感动极了，哭着说："陶校长，你打我两下吧！我错了，我砸的不是坏人，是自己的同学……"

陶行知笑了，马上掏出第四颗糖："你看，你正确地认识错误，我再奖励你一颗糖……好了，我的糖分完了，我们的谈话也结束了。"

我多次读这个故事，怦然心动且若有所思……

我想起了泰戈尔的一句诗："不是槌的打击，乃是水的载歌载舞，使鹅卵石臻于完美。"这是最好的教育。（李镇西《陶行知是如何对待"难管的小孩"的？》）

三、师生之间是一场彼此成就的修行

数不清这是第几次同学们自发为苏鼓掌了。今天默写单词她又考了90分，笔者公布分数，并表扬她，同学们鼓掌赞扬她，眼神里满是赞许和认可。苏羞涩地低着头，脸上绽开了笑颜。

这是笔者9月新接的一个班级，苏是三年级的小姑娘，胖胖的，不爱说话，上课大半的时间低着头，问她问题时，她只低着头，不说话。有时把她叫到笔者跟前，她恨不能把头低到衣服的领子里，而且会转个圈，把后背给笔者，不敢正面看笔者。笔者觉得她可能有点内向，也不强迫她，只是用手轻轻把她的肩膀转过来，弯下腰跟她说几句话，鼓励鼓励她，然后拍拍她的后背，告诉她跟人说话的时候要面对面，抬起眼睛来看着对方的眼睛，这样才能把对方的话听到心里去。她常常低头笑一笑，回到座位上再抬头看笔者一眼。

笔者从教将近30年了，教过的学生越多，越能理解学生。有的学生内心丰富、敏感，只是不擅于表达，或者羞于启齿，或者不知道该怎么表达自己的情感。每位学生都是一个特殊的个体，都有着丰富的内心情感。作为教师，想要了解他们，就要去充分接纳他们、理解他们，以宽容之心对待他们，让他们觉得安心，有安全感，这样他们的心性才能发挥出最大的潜能。

接班一个月之后，就是十一假期，学校布置了一项综合实践作业"金秋的种子"。鼓励学生用金秋丰收的种子进行自由创作，以此培养学生的创新意识，养成热爱劳动、珍惜粮食的行为习惯。苏做了一幅粮食贴画，她妈妈拍的照片和视频展示了整个制作过程。

　　视频中，她用胖胖的小手，轻轻地捏着细小的绿豆、红豆、黄豆、黑豆、大米等各种不同的粮食种子，先是一颗一颗地粘在一张白纸上。种子太小，不好粘，苏用胖胖的手指小心翼翼地捏着，一不小心种子就掉了下去，她就重新再捏一颗。种子越来越多，图画的雏形慢慢地显露出来，她居然粘贴出了一幅中国地图！

　　她在台灯下投入地创作着，额头沁出汗珠，她可能没有意识到，也没有擦一擦，专注地做着她感兴趣的事情。她在视频当中，那样仔细、专注，小心翼翼的样子，让笔者简直不敢相信，这跟课堂上不敢跟笔者对视的女孩，居然是同一个人。这些视频和图片，还有那幅用一颗种子一颗种子粘贴起来的中国地图，给了笔者深深的震撼。它让笔者意识到：即便她只是一个10岁的三年级的孩子，她也是一个独立、独特的个体，她有着跟其他人不一样的特点，她看似木讷、羞涩的外表之下，可能藏着一颗丰富又敏感的心，那是一颗像星星一样闪亮的心。

　　笔者在班里表扬苏制作的粮食贴画，她很开心，但跟她说话，她依旧会把头使劲地埋到胸前，一言不发。笔者不急于改变她，笔者只是理解她，并对她更宽容。

　　有一天，班里的一个小姑娘跟笔者说："老师，苏课间总会用头顶我呢。"笔者思考了一下，说："可能那是她表达喜欢的一种方式。你活泼、漂亮，她喜欢你，却不知道该怎么表达，不知道该用什么方式引起你的注意。"后来，笔者跟苏的家长进行交流，也证实了笔者的猜测。原来，苏很喜欢这个小姑娘，可是又不知道如何表达这种喜欢，课间时，就用头去顶人家。

　　笔者后来找苏谈，同时也请她家长协助，笔者问她是不是很喜欢那个女孩，她朝笔者笑了一下，笔者说："有很多种不同的方式可以表达对别人的友谊，比如微笑，比如主动交流，再比如和她一起上下学。最好不要用别人抵触的方式来表达喜爱，而且，用头顶人是比较危险的一种方式，如果在跑动中顶人，力量太大，容易向前扑倒，摔着脸或者磕着牙，就不漂亮了。你喜欢她，不希望她不漂亮对不对？以后你可以换种方式，换一种你们俩都喜欢的方式，好吗？"她仍然是低头羞涩地笑，不回答、不说话，但是再也没有用头顶过人。

师生之间的交流，有时是不需要语言的，一个眼神、一个动作，学生能感受到笔者的善意，笔者也能感受到他们的喜欢。

笔者能感受到苏对笔者的喜爱，同时，她也喜欢上了英语课。不知道她是因为英语课喜欢上了笔者，还是因为笔者而喜欢上了英语课。总之，她的英语学习让所有人都大吃一惊。有一天背课文，笔者让她来背，她背得很熟练、流畅，让人惊讶、惊喜的是：全班同学一致地自发给她鼓起掌来，笔者也鼓掌。同学们告诉笔者："她在一、二年级时，上课从来不回答问题，被老师叫起来也只是站着，不说话，而且，课文从来背不下来，也不会读。"这就很容易理解为什么大家这么惊讶了。苏脸上依然露着羞涩的笑，习惯性地低下了头。从那以后，笔者有意识地多提问她背课文，就是想让她能坚持下去，建立起这份自信。而她，每次都是同样的流畅和熟练，全班同学也依然每次都赞叹着自发给她鼓掌。

这个女孩子，英语课上越来越有自信，不光课文背得好，单词也默写得越来越有起色。从开始的60分，到70分、80分，再到最后的100分，她在英语学习上收获到了极大的信心。

有一天上课，浩在偷偷地玩，笔者把他叫起来，他直接告诉笔者："我不会背。"另一边的苏高高地举着手，笔者说："来让苏给你做个示范，你好好听，跟着她学一学。"苏响亮地背着，语音、语调俱佳，她的进步真是日新月异，笔者的脸上不自觉地露出了越来越深的笑容。学生的手，早早准备好了鼓掌的姿势，她一停，立马开始鼓掌，笔者说："我没有办法掩饰我的微笑，就像你们无法掩饰你们的掌声一样。"

笔者刚要开始继续表扬，把这份惊喜加深一下，但是兰说："苏的声音开始响亮了。"兰一插嘴，笔者马上有了另外的主意，让学生说出他们的观察结果，这不是更好的启发方式吗？"你们来想想看，为什么你们抑制不住地要给她鼓掌？"学生开始七嘴八舌地说："她背得流利极了！""她的语调好！"笔者跟着点评："大家观察得非常细致！她现在声音响亮、背得流畅，今天的语音、语调模仿得好极了，简直是惟妙惟肖！"观察一下苏，她笑得开心极了。这个孩子平时不太说话，跟她谈心她也不抬头，很难看到她笑，但是最近在课堂上，她笑得越来越多，越来越开心，观察到她的变化，笔者的幸福也从心里生长了出来。

笔者对浩说："你能不能模仿她的样子，读出来？"他说不大行，笔者笑了，说，"那你今晚回去努努力，明天读给大家听，好不好？"他点头。留做明天的任务，又有什么不可以的呢？即便是他的进度稍稍慢了一点，又有什么关系呢？只要他在走，总会有到达的一天。我们讲"因材施教"，一棵小草，只要它顽强生长，不放弃自己，它总会长成"离离原上草"，总会"春风吹又生"。第二天的课堂上，当笔者叫浩起来朗读课文的时候，他用响亮的声音回答："老师，我能背过！"就这样，他熟练地背着课文，赢得了同学们自发的阵阵掌声。

将近一年的时间过去，课堂上笔者的记录是这样的。

昨天学的是三年级下册"Unit 4 Home Lesson 1 We have a big living room."这个单元的主题是"Home"，提炼的主题意义是 Warm Home（温暖的家）。第一课大意是Jenny和Danny去Li Ming的新家做客，Li Ming带他们参观并介绍自己的新家，Jenny和Danny 表达参观后的想法，比如"It's beautiful. / It's nice. / I love it！"。

这节课中，笔者让学生观察并琢磨几个朋友的语气，比如Li Ming说"We have a big living room."时，要强调重读哪个单词？学生经过反复听音后，说是big，笔者问为什么是big？学生回答："因为搬了新家后感到自豪，想要分享。"笔者又问："Jenny回答'It's nice.'你们听出了什么情感？"学生回答羡慕、认可、喜爱等。笔者问学生："你能模仿这样的情感读一读吗？"学生纷纷仿效，读得很生动。

Jenny跟Li Ming说："You have a nice dining room." Danny 回答："I love it."这一句，笔者问学生听出了什么？佳敏说："喜欢。"启棋说："羡慕。"平时不太吱声的雅姝说："真爱。"笔者忍俊不禁，"对！这个词很生动，真爱！我也听到了真爱。"大家都笑了，再朗读一遍，声音里充满了真爱。

早上第一节英语课，笔者检查背课文，苏早早地就举起了手，笔者知道她肯定背得很好，就叫她背诵。果然，苏一板一眼，极富感染力地背诵起课文，又熟练、又流畅、又有情感，好极了！同学们鼓掌的时候，眼睛看着她，流露出来的是喜爱和认可。有位学生说："这也是真爱啊！"大家都笑了。

苏现在是这样的状态：她有一节课忘了拿练习册，而这节课的任务就是讲练习册，笔者提问她一个问题，她没有书，也口齿清晰、声音响亮地回答了出来。笔者说："我给你妈妈打个电话让她送来好不好？"她大声地说："老师，不用了，我回家做就可以。""那你这节课怎么上？"她依然大声地说："我默写一下单词吧！"随后，她就按照自己的安排默写单词，下课后把她的默写本交给了笔者。

苏给笔者的启发非常大，她从开始木讷、执拗的小姑娘，变成了英语课上的"小星星"，课文背得好，默写单词总是100分，在听讲时瞪着亮闪闪的眼睛，微笑着看着我，笔者感动的心啊，像一池荡漾的碧水，又像心里长了一棵柔软的小草一样，随风舞蹈。了解一位学生，需要教师的真诚，更需要教师俯下身来，用心观察她，给她理解、给她宽容、给她希望，让她能够不断地坚持。

大约10年前，笔者在一所小学听课，当时电教馆的一位领导说过的一段话，笔者至今印象深刻，大意是：我们现在都在谈技术改变教学，但永远要记住，技术是为教学赋能的。几十年前，我们上学的时候，就是一支粉笔、一本书，但是师生之间眼神的交流、心与心之间的交融、智慧火光的碰撞，这种教育的幸福感，希望老师们在今天，依然能够感受得到，希望大家越来越关注到课堂背后鲜活的——"人"。这段话深深地刻在笔者的心上，在信息技术赋能教育教学的今天，仍可以被奉为经典。课堂上师生眼神的交流、心灵的交融，是用真诚和智慧换来的，教学，是有幸福感的。

有人说，师生之间，就是一场彼此成就的修行。笔者真真切切体会到了心灵交融、眼神融汇的师生情谊，他们炯炯的眼神、亮晶晶的目光、灿烂的笑脸，在笔者的眼中、心头荡漾，10年前，电教馆领导说过的话，此刻得到了印证。

让一名教师成为好教师，就是上帝给我们最大的奖赏；让一名教师成为一位平庸教师，就是上帝对他最大的惩罚。由此看来，教师这个职业不需要太多的回报，真正的、持久的、永恒的回报，来自工作本身，来自教育故事的沉淀，来自伟大真理带给我们的强烈震撼，来自知识带给我们"朝闻道，夕死可矣"的满足与高峰体验，来自师生生命的互相灌溉，以及随之而来心灵交融之后的完整与充实。（王开东《上帝让你成为一名好教师》）

四、教后反思

教育教学工作，看似琐碎、平凡，日复一日地重复，可是，如果我们眼中有了"人"，看得到学生的成长。那么，就会明白：每位学生都是一本丰富的书，都是一个多彩的世界，值得我们一本一本地去阅读，一点一点地去探索。或许，我们能改变的很少，但是，我们可以改变一个孩子在某一段人生的一小块轨迹，而这块小小的轨迹，也许可以使他的人生有所改变，也许会留下一段美好的记忆，这就足够了。

在教育和自我教育的这条路上，没有一劳永逸，只有不断引导、不断反思、不断修正才能不断成长。

教师要随时保持自我觉察，需要不断地修炼自己的品性，需要通过持续的学习来丰富和完善自我。

参考文献

［1］中华人民共和国教育部.义务教育英语课程标准（2022年版）［M］.北京：北京师范大学出版社，2022.

［2］山东科学技术出版社.义务教育教科书·英语（三年级起点）（学生用书）［M］.济南：山东科学技术出版社，2012.

［3］程晓堂.义务教育课程标准（2022年版）课例式解读 小学英语［M］.北京：教育科学出版社，2022.

［4］左小玉.基于主题意义探究的小学英语单元整体教学设计［J］.中小学外语教学（小学篇），2022，45（2）：34-40.

［5］张琦.例谈小学英语单元整体教学设计的有效策略［J］.中小学外语教学（小学篇），2022（10）：43-47.

［6］杭燕楠，张晓栋.小学英语教学中落实立德树人目标的实践与思考［J］.中小学外语教学（小学篇），2022（12）：1-5.

［7］吕延.单元整体教学中开展主题意义探究的实践［J］.中小学外语教学（小学篇），2022，45（12）：30-34.

［8］于漪.于漪知行录［M］.太原：山西教育出版社，2016.

［9］李镇西.重读陶行知［M］.成都：四川人民出版社，2022.

［10］王开东.最好的老师不教书［M］.上海：华东师范大学出版社，2015.

［11］陈新忠.高中英语教学中语篇的主题与主题意义［J］.英语学习（教师版），2018（11）：8-10.

［12］王蔷，李亮.推动核心素养背景下英语课堂教—学—评一体化：意

义、理论与方法.［J］.课程•教材•教法，2019，39（5）：114-120.

［13］布鲁纳.教育过程［M］.邵瑞珍，译.北京：文化教育出版社，1982.

［14］杭玉洁.主题意义探究下的小学英语单元整体教学［J］.教学与管理（小学版），2021（9）：39-42.

［15］鲁子问.英文绘本主题意义内涵与分析方法探索［J］.江苏教育（小学教学版），2021（9）：25-31.

［16］李留建，姚卫盛.例析英语学习活动观在英语教学设计中的应用［J］.中小学外语教学（中学篇），2018，41（11）：49-53.

［17］苏霍姆林斯基.给教师的建议［M］.北京：教育科学出版社，2008.